搞好人际关系，你就赢定了！

成功处理人际关系

徐慧丽 著
XUHUILI WORKS

陕西师范大学出版总社有限公司

图书代号　　SK13N0673

图书在版编目(CIP)数据

成功处理人际关系／徐慧丽著．—西安：陕西师范大学出版总社有限公司，2013.7
　ISBN 978–7–5613–7092–6

Ⅰ．①成… Ⅱ．①徐… Ⅲ．①人际关系学–通俗读物 Ⅳ．①C912.1–49

中国版本图书馆 CIP 数据核字(2013)第 113813 号

成功处理人际关系

徐慧丽　著

策划编辑	焦　凌
责任编辑	张　立
责任校对	王红凯
出版发行	陕西师范大学出版总社有限公司
	（西安市长安南路 199 号　邮编 710062）
网　　址	http://www.snupg.com
印　　刷	陕西金德佳印务有限公司
开　　本	700mm×1000mm　1/16
印　　张	12
插　　页	1
字　　数	150 千
版　　次	2013 年 7 月第 1 版
印　　次	2013 年 7 月第 1 次印刷
书　　号	ISBN 978–7–5613–7092–6
定　　价	29.80 元

读者购书、书店添货或发现印刷装订问题，请与本社营销部联系、调换。
电话：(029)85307864　85251046(传真)

成功处理人际关系

目录 CONTENTS

上编 建立人脉

学会成为大多数人喜欢的人
寒暄：能够聊起来是成为朋友的基础/002
话题：有意义的话题能让你脱颖而出/006
聆听：你是一个会"听话"的人吗？/010

在不同的群体里扮演不同的角色
底气：心灵的强大最有价值/015
模仿："like"定律，赢家的武器/019
借鉴：他人是一面镜子/023
训练：善意谎言的四个原则/027

千万别放下自己的原则
尊严：你可以击倒，但永远无法打败我/032
梦想：信念力量叠加法则/036
承诺：别人眼中的信用，自己内心的信念/040

中编 经营人脉

信任是人际交往的第一通行证

安全感:四种方法帮你修炼强大的内心能量/046
倾诉欲:沉默的人也有自己想要说的故事/050
感恩心:相信大多数人的善意/054
一致性:拿什么吸引朋友/058

宽容是人际关系的最佳黏着剂

淡化错误:不能改变过去那就经营未来/062
换位思考:谁都有无法碰触的底线/066
适时表达:压力源于可能被伤害的感觉/070
坦然面对:敢于说出"对不起"及"我爱你"/075
积极成长:锻炼自己的"幸福体质"/078

个性是人际交往中最棒的吸引力

智慧:聪明让人嫉妒,智慧令人羡慕/084
幽默:后天锻炼幽默感的四个秘诀/088
忠诚:吸引更多朋友来到自己身边/091
勇敢:有了信念便没有人能打倒你/095
善良:力量强大的磁铁/100
天真:学习那些纯粹的梦想/102

淡然是人际交往中最安全的保护色

控制情绪:成熟不是没情绪,而是能快速恢复平静/107
前瞻意识:提前澄清信息比事后解释更能让人平和/111
保护原则:与你的朋友较劲时要低调/115
合理包装:别对所有人都掏心掏肺/119

下编 梳理人脉

保持合理的距离

八分投入:做优秀的朋友而不是完美地幻想/125
六成亲密:像刺猬一样保护自己和别人/129
半米贴近:每个人都有隐私不为人道/133

关注朋友的成长

分享:志同道合的人往往会一起努力/138
鼓励:一句抵万金的话要聪明地说/142
建议:关注事件而不是关注评论/146
支持:不一定要事事参与,但一定要事事关心/150
保护:让人知道需要的时候你会在/153
理解:我不一定这么想,但我接受你的感受/157

适应偶尔的孤独

体谅:再好的朋友也有自己的生活/162
自省:自由的时间是进行自我审视的机会/166
想念:不常在一起的朋友,心依然很近/170

赢得更广的人脉

参与圈:这是我和大家的舞台/175
关注圈:有些人彼此知道但尚未熟悉/179
理想圈:扩大人脉圈,要提前布局/183

上编　建立人脉

　　人们从原始社会起就开始群居，养成了分享资源、人尽其职的习惯。建立一张人际关系网，拥有性格迥异、风格不同的人脉资源，对我们或是进行互补，或是给予借鉴，都将让生活更有趣味，让我们有更多成长的空间。诚然，在关系网中，社会身份的多重性使得和各种风格的人打交道变成一件相当有挑战性的事情，但是最贴心的朋友也是从陌生人逐渐走向亲近的。获取人脉、建立人际关系，虽说和个人性格、时运、能力等相关，但也未必没有门道可循。

学会成为大多数人喜欢的人

寒暄：能够聊起来是成为朋友的基础

如果有一天你独自一人在美食广场吃饭，这个时候突然有个陌生人跑过来对你说：你好，你的衣服好漂亮，是什么牌子的？我想，十之八九的人会选择对这个人视而不见。但是如果他是这么和你搭讪的：你好，你这份炒饭看起来很好吃，是在什么地方买的？……心情不是太坏的前提下，很多人会告诉他，走到哪个摊位可以吃到，热心一点的还会把价格、如何选配料等等都分享给他听。

搭讪绝对是一门学问。可以说，我们现在所有的人际关系，恋情、友情，乃至一份好的工作和人生中的某个贵人，都源自于一次次成功的搭讪。用比较冠冕堂皇的说法讲，就是寒暄。在商务和社交场合，寒暄已经被视为一种非常重要的交际手段。

寒暄之所以重要，在于它虽然最后可能会演变深入成为你能想象到的任何内容，但却是由一个特别不带有攻击性的安全话题开始的，因此通常人们对它不会太过抗拒。话题的选择、语言的表达、表情和肢体的展现,乃至这个时候双方的心情,通常只会影响这次寒暄是否能够继续,而不会产生太过尴尬的局面。如果你想将一个人"拿下"的话,作为一种进可攻退可守的交际武器,寒暄的杀伤力是相当强大的。

不过,大多数人的寒暄,都有一个隐形的最终目的,一般不会满足于停留在寒暄话题本身,双方哼哈几句了事。能够把一个话题聊起来,从而得以观察和了解对方,展现和表达自我,才是一次有价值的寒暄。

寒暄形式虽然轻松,技术含量可是相当高的。一次好的寒暄,必然要包含以下几个因素。

1. 至少两个备选话题

不知道你是否有过这样的经验:两个人的对话,在心里预演过很多遍的场景,往往因为对方第一句对白就没有按照你的剧本来,导致自己方寸大乱,疲于应付,最后溃不成军。初次做销售的人,或者没什么恋爱经验想要和漂亮女生搭讪的小宅男,都会因为这样的尴尬而对"拒绝"产生些许阴影。

其实,任何人都有可能碰到类似的场景,只不过有经验的人知道,不太依赖既定的"剧本",反而会更自然些。那些口才了得、和很多人自来熟的人,往往不是他们不需要作准备,反而恰恰是因为他们准备得更充分,仅此而已。方法很简单,寒暄的话题不要永远只有一个。

我们没有学过FBI读心术(即便学了也有判断失误的时候),所以当面对一个不太熟悉的人时,没有什么方法能够百分百确认我们的话题他有兴趣,那就一个一个试着来。当然,在选择话题的时候,稍稍考虑一下场景、时间、地域等基本因素,会比较容易寻找到切入点和对方聊起来。比如开篇的时候我们看到的那个场景,餐厅里讨论衣着多半不如讨论美食来得容易接受。至于如何选择一个好的话题,在后续的章节里会详细谈到。在这里,我们只要记住一件事情——能够轻松甚至愉快地聊起来,这就是寒暄的终极目标。

2. 亲切无害的气场

有说"一见如故",也有说"无事献殷勤,非奸即盗"。一个陌生人的寒暄到底能有怎样的效果,话题是次要的,关键是给人以什么样的感觉。

撇开那些演技一级棒的职业骗子和严重的偏执型人格者,一个人真诚与否,还是能够感觉到的。

俗话说,相由心生,怀着一颗真诚的心,选择一个合适的表达方式,对方一定会有感觉。但为什么很多人又有热脸贴人冷屁股的挫败感,或者明明很有诚意,对方却不领情地报以怀疑呢?这个时候,我想,你拿出一面镜子来看看自己的脸,尤其是观察一下你的眼神、表情,可能会有更加具象的答案。

的确,你是在笑,可是你的笑容为什么像是被胶水糊过一样僵硬?

不错,你的眼睛是在看着对方,但要不就是盯着人家脸上某颗青春痘,要不就是眼神飘移在人家头顶周围恨不得能画出一个光环来。

……

将心比心,如果有人这么看着你,对你笑,你的感觉会怎样呢?

这不是你的错,你只是不够勇敢,有点紧张,甚至怯场。认识一个陌生人没有那么难。就好像玩一个大冒险的游戏,输了,你回到自己朋友那里,自嘲或者被安慰,没有任何损失;如果你赢了,你的奖品就是一个新的朋友——和他身边所有有趣的人。多好的奖励!你只要记住,你的笑容,温柔亲切得如同看一个可爱的孩子那样就刚好。而你和对方的眼神交流,是这样一个恰到好处的状态——我看你,你知道我在看你,我知道你知道我在看你。

你不需要有多么强大的气场吸引所有人的目光,只要眼前这个你想结识的人,他觉得你有种亲切感,就OK了。

那么现在,大胆地去和对方搭讪吧。

3. 内心明确本次寒暄的底线和目的

虽然我们很清楚,"认识"一个人,绝对不只是为了和他聊聊李娜能不能拿到澳网的冠军或者退休年龄到底会不会推迟,可是,一次寒暄又能让你和他的关系一下子拉近多少呢?别太贪心!哪怕是相见恨晚的"情投意合",你们的关系充其量也只能是聊得"久"而不是谈得"深"。还是一步一步来吧。

每一次寒暄，原则上都要准备好两张分数牌——最高分和最低分，在这两种状态下，你的收获应当是什么。当结束了一次谈话，你的得分介于这两个分数之间时，这次出击就算是成功了。

我们来举个例子理解一下这两个分数如何设定吧。

Perry 在等电梯的时候看到一个很心仪的女子，想要结识她。他认为在这个过程中最理想的状态是三五分钟内聊得很投机，觉得对方是个有趣的人，彼此能交换姓名和电话号码；最不济也要下次再见到这个女子时，她能记得他们同乘过一部电梯，对他没什么特别反感。

于是在按楼层的时候他可以问一下她：请问您到几楼？这种问话方式相对安全，对方会感觉他即便是举手之劳，也比较绅士，顺口回应一个楼层给他。但是接下来再找新的话题，又是一个考验了。

他也可以这么说："小姐，你是到 47 楼吗？"如果女孩回答"你记错了"，然后就不搭理他，很可能她心里想的是："你这种搭讪的方式有点土，对我不管用。"当然，乐观一点的可能是对方回答："不好意思，我是到 43 楼，你是不是把我和谁搞错了？"

设置高低分，我们就能够判断寒暄话题的风险程度，然后设置好每一次寒暄能够达到的目标，最后朝着终极目标——顺利认识对方，彼此成为朋友——一点点地靠近。

当你做好了上述准备，你会发现，一个人从陌生到认识，然后再到熟悉甚至是知己，刚开始这 10 分钟左右的交谈对你来说是压力最大的。如果能够顺利度过这 600 秒的时间，接下来聊多久就不需要你"设计"了，只需要看彼此有没有时间。

当然，我们还有一些小贴士要善意提醒你，毕竟面对一个陌生人的时候，一不小心就可能会触犯对方的某些禁忌。

(1)安全距离。尤其是在面对异性、长辈、你所倾慕的人士之时，哪怕你们刚一认识就能聊得相当投机，也别得意忘形地太过接近对方，如果不小心跨越了对方内心的安全距离，一开始建立的好感可能马上降温到冰点。心理学上对安全距离有四级区分（亲密、私人、礼貌、一般），如果你觉得记这些太麻烦的话,掌握这样一个原则:你和他交谈的时候,他的身体是在前倾着,而不是不断后退逃避你的贴近。

(2)肢体语言。在初识一个人的时候,不要使用太夸张的肢体语言,四肢动作不需要大开大合,适当的肢体语言配合你的语言表达和面部表情,适当吸引对方注意力就可以了。尤其是,别急着去接触对方的身体——除非他先这样表示了,你可以回馈类似的动作,如握手等。

(3)口语习惯。你可以不是淑女或者绅士,但是如果你有很多口头禅,或者特别喜欢使用网络语言,那么在和人寒暄的时候,请尽量少用。试想一下,你拜访了一个客户,彼此聊得挺愉快,你觉得他几乎有成交意向了,这时候冒出一句"我勒个去,你早该决定买我们的产品了",他的反应会是什么?

(4)面部表情。和肢体语言一样,表情是辅助表达,而不是给你砸场子的。让你的五官待在它们应该在的地方,皱鼻子、大张着嘴、不停地翻白眼等夸张的表情,还是留待你确认对方绝对受得了的时候再用吧。

话题:有意义的话题能让你脱颖而出

现在相亲成了80后解决婚姻问题的常用方法之一,但是很多人都告诉我,他们特别讨厌相亲。倒不是有那种"父母之命,媒妁之言"的逼迫感,只是因为当两个人面对面坐下来时,怀着赤裸裸的目的,居然没有话题可讲。

当然,人际交往中还有很多像这样,其实目的显而易见,但又不方便从这个切入点开始交谈的现象。好比相亲的时候一开口就问男士收入问女士三围,这显然不合适;又比如销售人员面对客户,直接把产品说得天花乱坠,也有惹人厌烦的风险。说话本来一点也不难,但是话题的选择却的确是要煞费苦心的。

因为话题的不同,一次交谈达到的目的也会迥然不同。

1. 假如你只是想破冰

寻找一个话题聊起来,比寒暄更难的地方在于,它需要一段能形成几个回合的对话，而不仅仅是两三分钟的闲谈。因而哪怕是为了打破沉默的随意性聊天，也要注意可能冷场的危险。人们常用的"吃了吗"或者"天气不错"这样的话题，充其量只是让对方回应你一两声，很轻易地就会画上一个句号。这时，你就不得不寻找新的话题。所以，为了"聊"而聊的内容，最好是时下比较热点的新闻信息，大家见仁见智，哪怕有不同的意见，也能达到热闹起来的效果。

笔者因为工作的关系经常参加一些机构间的培训交流，课间很多人互相结识的习惯用语常常为"你是来自哪个机构的"，这样的话题，用在一些表达欲不是很强的人身上，往往会造成查户口式的冷场，也就是问一句，对方爱理不理地答一句。而且这类话题的指向性太明确，问到甲的时候，乙很少会主动回答"我是北京分公司的"，而是等待新一轮的对话，气氛不容易热闹起来。其实，这种培训是结识朋友很好的渠道，关键是要放下心中太明确的目的，比如这些人会不会日后对我工作有帮助，而是要尽可能和更多人交谈，造成熟悉的感觉。比如你可以问问女士比较多的群体，有什么好用的化妆水或者睫毛膏推荐，看看年轻男子最近在玩什么网络游戏，询问成熟男士20万左右有什么车型性价比较高……破冰话题的宗旨只有一个——让更多人对你的话题感兴趣，并且参与进来。

2. 假如你想多了解对方

不是所有人都适合主导一场谈话，不过有些人的优势在于拥有敏锐的观察力。这个时候，可以尝试发起一个比较有价值取向或者哲学意义的命题，让参与这个话题的人通过表达一些观点，来展现更多的个人喜好、思维模式乃至人生经历。

2011年新版《婚姻法》出台之后，这个话题一度非常热，在一群年轻人里抛下一句"你觉得新版《婚姻法》好还是老版《婚姻法》好"，接下来的讨论不但会相当热闹，还能看出持不同观点的人内心隐藏的小秘密。

假如有人说：《婚姻法》新的老的有什么不一样吗？那么这个人要么是目前没有结婚的打算，要么是没有关注过婚姻中的权利和义务，以及婚姻破裂后经济方面的种种纠葛。换言之，这是个觉得婚姻并不需要太复杂的算计的人。

假如有人说：新《婚姻法》更合理，没道理结了婚房子就要算人家一半。这个人显然相当自信而独立，对别人没有过多的依赖。但同时，对他来说，婚姻的责任和温情的感觉还尚未在心里扎根。甚或是，在他看来，婚姻只是一种关系而已，而不是两个人建立一个家庭的亲密，所以有可能他在婚姻遇到问题时，会倾向于果断离婚。

假如有人说：新《婚姻法》对女士不公平，男人出轨更加肆无忌惮了。那么这个人不是女权主义者，就是对女性在婚姻中的安全感没有信心，并且在他心中，男女在婚姻中的分工是前者偏经济后者偏情感的。

假如有人说：研究《婚姻法》都是不想好好过日子的人。这类喜欢给出很明确的判断的人，强势，并且喜欢成为他人注意的焦点。然而同时他又有很好的自我保护意识，不会轻易亮出自己的偏好。

以上的小小案例只是简单的参考。人的性格各异，也能够通过一些方式作心理学上的分析，只不过，这样的判断不一定是事实的全部。人在不一样的情境下，对同一事物的反应有时会迥然不同。我们可以确定的是，有争议性的话题有助于你观察参与者展现出的各个侧面。

3. 假如你想展示自己的优势

你知道名片的作用是什么吗？你知道怎样设计一张令人印象深刻的名片吗？一个好的话题，其实就相当于一张无形的漂亮名片，让人不但能认识你，记住你，还能久久回味。

要展现自己最具魅力的个性，你选择的话题需要具备以下两个条件：一是你非常有把握拿捏得住，二是你在这个领域是专家，但不表示这是你一个人的领域。

这不是在说绕口令。请你想象一下，在一个话题中，你是想要众人关注甚至崇拜的眼神，还是你的一言堂伴随人人拿出手机安静地自娱自乐，你就能够明白，话题的选择与深浅度的拿捏，简直一念天堂，一念地狱。

电影《泰坦尼克号》中有一幕场景：杰克救了企图跳海的露丝之后，露丝请他与未婚夫卡尔同席吃饭。卡尔及露丝的母亲试图通过告诉席上

上编 | 建立人脉

的贵人们,杰克不过是三等舱的穷人以让他难堪。聪明的杰克选择了一个很好的话题,从自己的居无定所,聊到了这种惊喜的人生是上帝的恩赐,不要轻易浪费,"生命是上帝给的,我不打算浪费它,要把握光阴"。一个穷小子,如果不选择好的话题,可能这顿和头等舱的贵人们一起享用的饕餮盛宴也就变得食而无味;但是自己的经历和对生活的态度,是那些生活得中规中矩的富人们未曾体验过的,这个话题最终赢得了整桌人为他干杯。试想一下,如果杰克只是描述他落魄的经历,可能会让部分人当笑话一样感兴趣地听,但他绝对不会在卡尔面前赢得那么漂亮——我只是金钱上不富裕,上帝给我的惊喜却比你们的还多。

想要受到关注,展现自己的特点,选择的话题除了要有趣味性,还要让你能够有尊严地赢得掌声。

4. 假如你想制造相见恨晚的感觉

对于一些销售人员来讲,产品的优劣与否在他的营销过程中对成败的影响极小,而客户面临销售时的感觉,对销售人员的信任感,才是决定性的因素。和客户沟通,怎样让他觉得愉快,又怎样让一面之缘的你给他值得信赖的感觉呢?寻找一个好的话题来聊聊。就是这么简单。

要信任,要熟悉,你所聊的事物一定是对方特别关注的。有孩子的人,你和他聊现在的少儿拉丁舞及期末考试的班级排名,没准能让他觉得你们亲切得好像彼此的孩子是同班的好朋友;爱玩数码产品的,你让他介绍性价比高的单反镜头,他的眼睛说不定会放光;喜欢看球赛的,你们可以就最新的球员转会将给联赛带来什么样的影响讨论得不亦乐乎……你发现,原本陌生的人,因为一个话题,居然在半个小时之后仿佛是认识了30年的老朋友。

不过千万记住,你们不是在就子女教育问题完成一个学术上的新发现,或者准确进行欧洲杯的冠军预测,所以投入可以,但千万不要迷失。记住:对方"失控"不要紧,可是你必须能够做到及时抽离。哪怕你很顺利地选择了一个对方感兴趣,并且你还真的有所了解的话题,也要记住摆正自己的位子,那就是你对这个话题相当感兴趣,不过,你还需要对方给你一点指导和建议。聊着聊着因为意见相左而不欢而散,可不是我们的目的。毕竟,事实上对面的这个只是初识的朋友,至多算是点头之交,想成为那种可以真正掏心掏肺地说说话,即便吵架也没有隔夜仇的知己,还需要我们慢慢经营。别被"相见恨晚"的假象迷惑。

聪明的寒暄让人愿意认识你,漂亮的话题让人开始喜欢你。所有的人际关系都离不开沟通,不是一定要有好的口才,说话的时候多用心一些,就可能达到很好的效果。

聆听:你是一个会"听话"的人吗?

和一些雄辩滔滔的人讲话,人们通常会有两种反应:一是为他们的口才、知识面和风度所折服;当然更可能的是,在完全插不上话又觉得对方言之无物的时候,决心尽量少和这种人打交道。

这有些类似武侠小说中的对决过招。敢于先出手的人,多半对自己的招式相当有信心,能够一击即中。这种人大多是高手。还有一些人却沉得住气,稳稳当当地等着对方定力不足先出招,然后观察对方招式中的漏洞,好让自己胜券在握。又或是不求输赢,只观察对方的优势和不足,融汇到自己的所学所悟中。这种人叫做绝世高手。

而一个谈话方面的绝世高手,在说的时候固然能使说的内容精彩绝伦,还很有点"听话"的本领。

学会"听话"到底有多重要?让我们来看看下面的小故事吧。

某电话销售中心的客服人员小江接到一位客户的电话:"你们公司有个小姑娘推销产品给我,我要投诉她!!"

小江见客户情绪激动,想要安抚一下,于是进行了解释:"这位先生,您先不要着急,我想我们的销售人员应该不会有什么误导的情况,您是不是有什么误会?"

客户一听更生气了:"什么误会,她的工号我都记下来了,当时说得很清楚,你们公司的员工!!!你这是什么态度?推卸责任吗?把你的工号告诉我,叫你们领导过来……"

小江的领导由于尚未了解客户因为什么原因投诉,于是亲切地和客户沟通:"这位先生,您对我们的员工有什么不满意的地方,我们会认真聆听您的建议。请问您要投诉哪位员工,投诉些什么呢?"

"当时你们打电话过来跟我介绍一款产品,讲了好久,说这个好那个好,我问了好几个问题,她都不肯回答我,一定叫我买!"

"请问您最后购买我们的产品了吗?"

"买了!"

"您对我们的产品有什么不满意吗?"

"没有。"

"那您投诉是觉得我们员工哪里做得不好呢?"

"你就挺好的,其他人都不给我说话的机会,我觉得你们就是为了让我买产品……"

这不是一个笑话,是一个真实但是无厘头的电销行业的案例。这名客户的愤怒,不是出于对公司本身不满,也不是因为在产品上受骗上当,归根到底,只是因为没有人愿意"听"他的想法和意见,一直到客服主管耐心地听他把想说的话讲完,他的怨气也就消了。因此,通过聆听,你能够迅速消除对立的情绪。

两性关系大师约翰·格雷在《男人来自火星,女人来自金星》一书中有这样一个观点:男人注重解决问题,而女人多半更在意自己的感受是否被关注,而非真正要得到一个什么明确的答案。

Peter 和 Jessica 的恋爱碰到了问题,Jessica 怀疑 Peter 没有以前那么爱她了,甚至已经变心。因为这天下了班,他们一如既往地聊着公司里的事情,有这样一段对话。

Jessica:真是见鬼了,我从来没有遇到过这么变态的人!

Peter:……

Jessica:你不问我发生了什么事吗?

Peter:Jane 又惹你了?

Jessica:除了她,还有谁会把一个培训搞砸以后还推卸责任,并且要我帮她收拾烂摊子?

Peter:算了吧,她一直都是这样的。

Jessica:你是要我忍受这样一个女人?你从来没有考虑过我的感受!你是不是不爱我了?

Peter:……

Peter真是一个很无辜的男孩子。事实上,Jessica并不需要谁告诉她如何面对她那位总是惹她生气的同事,甚至没有想过换个部门、做另一份工作来避开这个同事,她只是在抱怨,或者说是需要别人认真地去听,去理解她的感受。我们建议Peter碰到类似的事情,换一种方式,让对方感觉"我在听,我和你在一起"。

一周之后,他情绪化的女友和他又有一段新的对话。

Jessica:我是不是一个很没有能力的人?

Peter:发生什么事了?说给我听听。(当时男生真的很想告诉女友,别想那么多,我觉得你很优秀。)

Jessica:晚饭后娱乐时间我们预定了两个包厢给想去KTV的客户,两家公司的人各自选了其中一间。去唱歌的人一共才7个,却占据了两个每个能容纳20人的包厢。领队问我要不要让他们去同一间,否则要超预算了。我打电话问Roger,他说并起来。但是过了没多久Cathy打电话来说别让客户不高兴,还是分成两间……

Peter:然后呢?(其实这时他想的是,这件事到底和你有什么关系?)

Jessica:原本这件事情不会搞得这么复杂的,我觉得是不是因为我打给不合适的人了……也许我应该先给Cathy打电话吧……可是毕竟这个事情总负责是Roger啊……

Peter:这件事让你感觉不开心?(他已经快要为女友莫名其妙的庸人自扰而昏厥了。)

Jessica:当时我真的很担心他们会不会对我有什么想法。

Peter:现在你的感觉呢?

Jessica:或许事情没那么严重吧。

按照男生之前的习惯，我们可能无法听完这件事情的前因后果。听完之后，发现不过是女孩自说自话讲了个故事。不要小看这个故事的完整性。当你听完她的故事，她会觉得你在意她的感受；如果你试图打断她或者教她怎么做，而不是耐心地听，结果可能截然不同。很多时候，通过聆听，你可以让对方感觉到自己被重视，这远远比你帮他解决一个问题更让他感动。

很多人不肯用心听的原因大多是觉得"听话"是一件相当没有技术含量的事情，听得见自然听得懂。但是事实却是，你如果想好好地交一个朋友，建立好的人脉，就要拿出参加外语考试时的那种投入状态。哪怕你口语再好，如果没有听明白对方的意思，还是会不及格。

中文其实是相当复杂的语言，一模一样的词句，用不同的语调、重音放在不同的字眼上，表意就有天壤之别。

"我没说他偷了我的钱包。"这句话我经常在培训课程中用来训练学员的理解角度。这句话用不同的念法，可以衍生出多种含义。

我没说他偷了我的<u>钱包</u>。显然他偷走了我别的东西。

我没说他偷了<u>我的</u>钱包。不知道谁的钱包被他偷了。

我没说他<u>偷了</u>我的钱包。说不定是借的。

我没说<u>他</u>偷了我的钱包。你们好像抓错人了。

<u>我没说</u>他偷了我的钱包。但我愤怒的眼神已经表明了一切。

<u>我没说</u>他偷了我的钱包。好像是小李告诉我的。

看吧，如果不好好听，弄不好会出现大的误会。所以通过聆听，你可以捕捉到很完整的信息。

这时候你或许已经准备要好好"听话"了，不过，你是一个会"听话"的人吗？

好的聆听需要两方面的准备。

1. 心理状态

很多人听东西的时候不知不觉会在半程就得出自己的结论，所以没有办法做到真正的聆听——不带预判和偏见地获取信息。因此我们该学着听一些话语的时候,只是关注对方所描述的事实,而不是他或者你自己得出的结论。如果你的员工跑到你这里告状,他这么说:大家都在忙着准备明天开会时用的资料,王姐居然趴在桌上睡觉。我们都快忙疯了,她这么偷懒是不是有些过分了?!这个信息里的事实是,大家都在忙,有人在睡觉,仅此而已。你可能需要更多的信息,才能判断睡觉的员工是因为困倦还是身体不适,困倦的原因又在于昨天晚上是娱乐得太晚,还是有亲人需要陪夜导致她睡眠不足。

听,除了要获得一些信息,同时还要给说话的人以反馈。失败的聆听就是对方很怀疑"你到底有没有在听",所以我们经常要用一些"嗯,我知道你的意思","我想我理解你的感受","我在听","你刚才的意思是……吧"之类的言语,鼓励对方继续,让他觉得你对这个话题以及他本人都有适度的关心。

2. 肢体状态

一个人有没有认真在听,说话者很多时候都能清楚地感觉到,那是掩饰不来的,因为我们的肢体动作、眼神、表情等,都会显示出我们对眼前这个话题的投入程度。既然你准备好了要仔细聆听,那么就拿出应该有的姿态来:

身体要略微前倾。这种肢体语言是在告诉对方,我对你的话题是投入的,是相当感兴趣的。这也是一种尊重的态度。

比较重要的一点是上肢的姿态。很多人习惯性地抱胸,抬头看着说话者,其实这种肢体语言表达的是防御,而不是"我在认真听"。所以,放开你的肢体,不要无形中与说话者之间隔了一道墙。

眼神也是重点。前面已经提到最恰到好处的眼神交流方式,聆听的时候,继续保持这种亲切友好的状态。

如果可以的话,在说话者90°的位置上与他面对面交谈,是沟通时让双方都感觉很自在的座位安排。

沟通是一个双向交流的过程,当你能够很好地表达自己,同时又学会了恰到好处地聆听,你们的关系就会愈加牢固。

在不同的群体里扮演不同的角色

底气：心灵的强大最有价值

当一个人全身上下都是名牌，而且恨不得把 LOGO 亮到你眼前的时候，你会如何评价这个人？我相信，大多数人对这种人不是艳羡，而是感到有些不自在。名牌是一种对生活品位的追求，原本就是一种很内化的东西，当应该由内而外散发的气质骤然成为暴发户式的炫耀时，不免有些变味了。

人际交往时，自我展示好比挑选一身合适的装扮，从头到脚的名牌固然让人敬而远之，一味地不修边幅也容易流于另一个极端。我们面对那些不算太熟悉的人，一般要经过这样一个筛选的心理状态：这个人容易接近——这个人值得结交——这个人相当有趣——这个人可以成为朋友。

因此，无论是销售、面试、商谈或是相亲恋爱，无论你秀出的是名头响亮的名片还是一句简单的自我介绍，外在的噱头怎样吸引人，都不如一个强大的气场给人印象深刻。一个人对你的感觉，是要经由你的自我认同，间接传递给对方的。所以你可以谦逊，可以耍酷，可以幽默，可以深沉，不

管让人感觉什么样的风格,都必须有十足的底气。而你的底气来自于内心强大的信念,那便是:

1. 我相信自己有很多优点值得别人喜欢

很多人在人际交往中喜欢把自己放在一个比较弱势的位置,认为这种"谦逊"是美德。但恰恰相反,恰当的自我认知,要比夸张地放低自己,更加适合当今的人际交往。

这个社会的节奏越来越快,甚至有些浮躁,不会有太多人愿意花时间来细心寻找你身上隐藏的优点,伯乐的慧眼也只限于从那些愿意展现自己优点的人中寻找最合适的人选。不在网上更新自己的简历,猎头不会找上你;不去参加选秀比赛,苏珊大妈天籁般的嗓音也不会通过英国达人秀的舞台传到全世界人们的耳朵中;甚至现在连名校招生都要打广告,500强名企招聘也要大开宣讲会。这是一个酒香还怕巷子深的年代,每个人都有自己的优势,但脱颖而出的,却仿佛永远是那些愿意秀出自己的人。

这个世界没有完美的人,大家都是优缺点相结合,也正因如此,每个人都有专属于自己的可爱之处。比如有些人有冷幽默的天赋,大家都笑得前仰后合,他还能保持一脸淡然甚至严肃,有些人则是融合到听众中去,和大家一起享受笑料。再比如有些人是亲切地引领别人一起感受内心的丰富,有些人是令人又敬又爱的强大。面对不同的人和不同的环境,你会发现自己总能赢得一部分人的好感,也可能总有人对你不"感冒"。就如同拿一幅画出去让人标注画得最好或者画得最差的地方,整幅画都会被涂满。见仁见智,是人际交往的常见现象,而你的自信,有时能让那些一开始不关注和算不得喜欢你的人,渐渐被你吸引。

但是喜欢自己的优点不代表每时每刻都将它们都亮在别人眼前。心理学上有个说法:越是缺失的,越想要炫耀。所以使用太多技巧刻意包装自己,但内心却毫无底气地心虚,还不如感受别人的美好。你不用急着张扬地展现自己,只要投入地欣赏,那种自内心散发出来的感受,绝对有感染力。

2. 我相信自己有一些特别之处值得别人记住

你有没有这样的经验：有时候看到一个人，对那张脸有模糊的印象，却很难想起来对方叫什么，在什么场合认识的。这个时候你可能会觉得很尴尬，极力掩饰，所以对方还浑然不觉。但这个时候你要给自己一个小小的提醒，将心比心一下——如果有一天你也给别人这样的感觉，那可真不能算是好事情。

所以，我们要有这种认识：我是独一无二的个体，我一定有不同于别人的地方，能够让人印象深刻到忘不掉，这个特点，使人一下子就能联想到我。人在记忆无规律的事物时，如果没有多次强调，遗忘率是相当高的。但是如果能够给予特别的联想，可能一次的接触就能保持长时间鲜活的记忆。

什么样的情况能触发人们的联想呢？当有人跑过来告诉你，你在2002年某月参加过一个心理学沙龙，那个沙龙上她见过你。你之前参加过太多此类活动，因而这种回想是相当痛苦的。然而如果她提醒你，当时老师作简快心理疗法演示请了一个女孩上台协助，经过治疗后那个女孩开始流泪释放自己的情绪，这时有个穿蓝色上衣的长发女子给她递纸巾，那个女孩一下子就抱住她，趴在她肩上放声大哭。这时，你恍然大悟道：你就是那个递纸巾的蓝衣姑娘！

嗅觉、味觉、听觉、视觉、触觉，这些都是人们最切身且难忘的感受。如果你能把自己和这些感官进行联系，那么对方的印象一定就相当深刻了。人际交往中最适合强调的部分，应该就是视觉、听觉和嗅觉了。比如你的服饰配色特别有品位，你有一个相当有磁性或是甜美的声音，你选择的一款香水味道很好闻，当你一如既往地使用，它甚至可以成为你的"标签"。

当人们能够记住你，而且回忆起来的都是美好的联想，那是一件多么令人喜悦的事情！一想到这一点，就会觉得自己心里充满了力量。

3. 我相信自己用真诚能赢得对方的尊重

有时候，真的能遇到一些让我们很佩服的人，他一直在装，人前所有的表现都是表演。于是,这个看起来优雅但是充满距离感的"绅士",你永远不会知道什么时候他会生气,什么时候他的笑是真心的快乐。这种情况下,所有人和他都不过是点头之交,他很难有朋友,也不太会树立敌人。

你想要这样的人际关系么?如果我们都这样怀揣戒备心结交朋友,那么这个人脉圈对我们来说,意义真的不大。试想,如果有一个人你根本不了解,只是知道他而已,那么在工作、生活中,你会不会轻易把他介绍给相关的人士,来作为事业伙伴、知心好友或是婚姻伴侣呢?风险有点大,不是吗?

还是真诚点吧。充满怀疑,的确可以保护自己,但同时也丧失了获得幸福的机会。既然我们都是群体性的动物,不可能独立一人存在于这个社会,不如就让自己融入。吸引力法则告诉我们,你关注什么,就会吸引来什么。我们如果让内心充满诚意和善意,很多时候都能让怀着同样感受的人来到自己身边。相信,是一种非常伟大的力量。

不过,人际交往中的真诚是一种有条件的自我投入,而非不经大脑的掏心掏肺。这里有一个适度原则,就是说,我们应该向别人展现真相而非欺瞒,但并不一定要展现真相的全部,这样的诚实,是恰如其分的安全距离。比如广告可以有20%左右的夸张,或是相亲和面试的时候女士会化一些淡妆,这都是我们完全能够接受的一些小小的技巧,谁又能说这是不诚实呢?不过越过这个度,就无法赢得人心了。如果康师傅红烧牛肉面的包装上不注明"图案仅供参考",或者你的女朋友卸了妆以后你发现好像根本不认识她,这就不能称为诚实,而是赤裸裸的掩饰。

4. 我相信自己用善意能获得对方的信任

你可能会问:我是准备好了真诚待人,但对方却总是像刺猬一样,对我使用武器,我又如何接触到他柔软的内心呢?

不如让我们想想自己身边有没有这样的人,熟悉了之后才发现其实这个人性格很不错,待人也很义气,只不过不认识的人总会感觉他一定很难亲近。我想也许你能想到的人还不在少数。因为一个内心友好真诚的人,并不一定脸上就挂着"你好"两个字。只是准备了百分百的诚意还不够,要想建立一个更好的人际关系,内在有善意的同时,外在也是要下功夫的。

绝不是要你过度地包装自己。我们之前已经讲过真诚的重要性,你需要的是冷热适宜的状态,这就叫做善意。太过热情,会有无事献殷勤的嫌疑;过于冷漠,又未免拒人千里之外。如果一个人营造出一种气场,令人感觉到,我去结识他,一定会是相当美好的体验,那么这个时候他将会是社交场合最能够吸引人的了。就好像天气预报里会有体感舒适度,倘若我们把气场想象成一团空气,25℃左右将是相当宜人的温度。善意的姿态,在社交中便是"进一步可攻,退一步可守"的完美安全地带。

建立人际关系,尤其是想赢得一些陌生人的好感时,你给人以什么样的气场,将会在接下来很长一段时间里形成别人对你的第一印象。由于人习惯性地会对事物作主观判断,以"标签"的方式来加强记忆(前面一部分我们曾提及),所以我们一定要当心这个"标签"的指向性是不是过于明显,以至于今后也很难改变。换句话说,我们会不会让自己的"转型"变得困难。试想今天《百家讲坛》要请凤姐来开讲座,大概很多人会以为这是电视台在开玩笑吧,因为她的风格定位在"审丑"上已经深入人心了。

讨人喜欢,觉得有趣,愿意信任,这样一点一点赢得人心,你会发现做一个自信强大的人原来是这么的美好。

模仿:"like 定律",赢家的武器

心理研究表明,人们对于和自己相像的人,信任度都会比较高。这可以理解为一个"like 定律"——人们倾向于喜欢(like)那些像(like)自己的人,所以模仿是人际交往中一个非常有效的技巧。

这里所说的学习与模仿,绝对不是让你依葫芦画瓢地复制,而是有意识地运用一些技巧,让对方感觉你相当亲切,仿佛从镜子里看到的自己,熟悉却又感到特别。我们对交往对象的模仿,可以表现在言行举止神态等方面。接下来我们就一一来看,不露痕迹的漂亮模仿该如何进行。

1. 观举止

行为和性格很大程度上密切相关,一个走路速度快、脚步大且步伐重的人,多半自信而外向。由此我们可以发现,学习一个人的行为,只要从这些特别外在的举止开始,就可以从易到难地入门了。

一句话总结:我们要和自己模仿的人保持尽量一致的节奏感。对方喜欢快,我们就雷厉风行;对方喜欢慢,我们就悠然自得。如果恰巧你和对方是同一类型,那么就放大你们的共同点;假如这与你的本性截然相反,刻意的迎合令你感到别扭,那么你可以尝试着以旁观者的视角去欣赏,不要勉强自己拷贝大走样,以免让双方都觉得很尴尬。表演痕迹过于明显的模仿,非但不能增进彼此的感情,说不定反而让距离感更明显。

比如你的客户天生大嗓门,但你却用尽力气还是温声轻语的,那么与其说话的时候有意识地冷不丁提高分贝,不如保持自己的状态。但是如果有意识地学习对方的节奏感和激情,那么对方不但能知道你接受和喜欢他的热情,在努力地"接近"他,也会记住你这种和他看似不同,但依然亲切的感觉。神似比形似更加重要。

2. 察喜好

这是逐步走入别人内心的重要环节之一。我们不能否认的是,有时我们看到的人表现出来的,不完全就是真实的他(好比我们也会因为各种原因要模仿或者扮演某个角色),所以除了外在的举止,内心的喜好是一个更准确地了解别人并且赢得信任的载体。

通过对方的喜好,我们首先可以找到一个可以轻易切入的话题来和对方聊天,这样一来,彼此的心理距离就近了。再者,感同身受也有助于更好地换位思考,让对方真正体会到你的诚意。

我有个很要好的闺蜜 S,之前是不同部门的同事,不过是点头之交。S 是很典型的文艺青年,读仓央嘉措的诗,喜欢看话剧。由于有个项目要和她经常沟通,除了一起吃午饭,我还和她一起去看了一场话剧。那是我第一次接触话剧,在欣赏演员和剧情的同时,我还在想着 S 为什么会喜欢话剧,如果我是她我从中得到的是什么样的享受等等。然后我发现,对这场话剧的探讨,进而深入到我们彼此的梦想,我们所喜爱和不屑的东西,最终感到虽然有那么多的不同,我们却能够时而互补,时而默契。

3. 听话音

语言是一门有趣的学问,中国话的门道就更多了,升降调里的不同表意,不同断句的潜在含义,乃至习惯用某一种音调或节奏说话的人的潜意识,都能够给我们传递相当多的信息,帮助我们寻找到最好的方式,来结识朋友,应对对手。

假使一个人喜欢用低沉的音调说话,我们可以将自己惯用的语调降一个八度,也给对方一种沉稳的感觉,同时,巧妙地隐藏自己直接的情绪表现。你会发现,降调的表达方式,会给自己造成一种与"我现在是深沉而成熟的状态"类似的暗示。

假使对方语速快且抑扬顿挫明显,那么我们可以将对话理解成一个更有乐感的表达方式,这样一来就能营造一个娱乐性比较强的气场,不会有谁的表达显得特别刻板无趣,也就不会凸显他的言语特别突兀了。

4. 仿风格

我们常常发现,即便一样的服装,穿在不同的人身上,给人的感觉也可能完全不同。气质是一种很特别的感觉,往往代表不同人别样的风格。模仿的更高境界来自于这里。此时,所有外在的表征都不是关键,对自我的认知才是对风格最到位的拿捏。

"我"是一个什么样的人?如果这个问题的答案,大家都一样,这个群体一定是相当亲密和谐的。自信的人在一起,就不会有自怨自艾的低落气场影响情绪;优雅的人在一起,就能有温柔恬然的氛围感染旁人;幽默的人在一起,就好像整个世界都充满了欢快的音符;强势的人在一起,仿佛是一个唇枪舌剑的辩论场,没有底气的人甚至无法承受这种压迫感……

俗话说:物以类聚,人以群分。我们要达到的模仿效果其实就是给人强烈的感觉——你就应该属于这个群体!所以说,如果之前的观察与学习对技巧的要求比较高,那么到了这里,还需要你投入感情。喜欢并且想办法成为你要结交的那种人,是一件很需要拿捏分寸的事情。因为有时候你要"变成"的那种风格,会是你全然不习惯的,投入不了就不能给人以真实的感觉,赢得他人的信赖。过于投入,或许会使你在扮演某个角色以后,一下子"入戏"太深无法抽离。

不如就当成一部艺术电影的考验——片中,没有你,只有你需要扮演的角色;片外,你就是你,辉煌与卑微,都不过存在于故事中,是已经故去的了。

5. 学表情

如果想让"like定律"的魔力有更大的发挥,那么真的是"细节决定成败",我们需要在微小的地方多下点功夫,比如,表情。

你可能会觉得这有点小题大做:我已经有对方喜欢的言行举止了,甚至修炼到气场都和他很契合,有没有必要再折腾自己脸上的肌肉啊?不如让我们这样理解吧:之前所有的一切是相对被动的,因为是我们在模仿和学习,那么"脸面"上下的功夫,是化被动为主动的了无痕迹的绝招。

观察并复制对方的表情,是要更好地在交谈中吸引他的注意力,然后我们的谈话会显得更加有说服力,我们的魅力也会自然地提升。因为表情的细微变化体现着潜意识的行动,哪怕自己都没有意识到,这些小秘密事实上已经被你的表情"出卖"了。我们可以从很多关于所谓"读心术"的书本里学到皱眉、眼珠向左或者向右表示些什么。但这不是关键,哪怕你看透了这个人,他不喜欢和你沟通,还是枉然。我们所做的,是模仿对方的表情,当对方看到这种类似的感觉,不知不觉就触动了潜意识,让他有了感同身受的亲切,于是乎,我们就比较容易赢得他的信赖。

比如聊着聊着,对方放声大笑到连皱纹都出现了,那么他在你面前相对放松,我们也回应一个类似的表情给他,就不会让他觉得你在防备;但倘若彼此只是客套地微笑,则表明大家暂时都觉得没有必要走得太近。

6. 延习惯

不可否认,人际交往没有想象中那么简单随性,想要达到自己的目的,很多时候需要做一些准备。不过,也不必看成是戴着面具做人那么痛苦的自我掩饰,因为之前讲到的那些小技巧,都是社交礼仪中应有的自我约束和一些礼节性的迁就。甚至如果你能长此以往地延续这些习惯,无形中会将自己的气场修炼得很强大。毕竟不同的环境下人的角色不一样,社会对人的要求也不同。或许你不喜欢出入穿正装和皮鞋,或许你受不了要将自己的音量控制在 70 分贝以下,但倘若你出席高级的商务会议,然后在西餐厅就餐,这些都是基本要求。

如果是好的习惯,那就趁着机会沿袭下去;如果是可有可无的应付,只是为了人际交往而迎合对方,那么回到私人空间的时候,全然做回自己。你会发现,这样的一种模仿和学习,不仅仅是为了赢得人脉,更是一个极好的自我成长的机会。

借鉴:他人是一面镜子

模仿是创造的基础。在前面的章节我们谈了模仿和学习,站在这样一个起点上,就有了让自己变得更加优秀的可能。

他人都是我们的镜子,无论是优点还是缺点,有一个很神奇的现象就是,如果这是我们身上没有的或是潜意识里未潜藏的,我们都看不到。比如你和一个人交谈的时候发现他总是啰唆了半天讲不到正题,那么等到你来组织一段言论的时候,也不见得就那么言简意赅。

因而,当这面镜子摆在我们面前的时候,与其花时间和精力去判断评价,去研究是不是喜欢,甚至演变成无意义的嫉妒、厌恶或是嘲讽等等,不如看看有什么可以让我们借鉴,然后将自己变得更加强大。

鲁迅先生的"拿来主义"颇有点这个意思,便是取其精华去其糟粕。

我们到底从他人身上借鉴什么? 一扬一弃而已。

扬——

1. 搭配和装扮

不可否认,有些人天生就比较有品位,对颜色的搭配,对服饰的选择,乃至举手投足之间的每一个动作,都能吸引别人的目光。第一印象之重要,使得人们对于外表的重视度不断攀升,于是,网络上也充斥了相亲时要带女友去游泳或者淋雨,就是为了看看未经装扮的素颜。此类笑谈从另一个侧面表明,学着将自己收拾一下,绝对能给人以截然不同的感觉。

借鉴的关键在于知其所以然,切忌依葫芦画瓢。东施效颦的故事告诉我们,有一些人的韵味,是他人学不来的。那我们该怎么办?比如你看到同事穿一身绿色职业装显得特别清新,很有点想要效仿的冲动,但是发现自己皮肤没有那么白皙,同样的衣服穿起来搞不好要凸显缺点,然后你开始研究,健康的小麦色如何穿才能尽显活力呢……恭喜你,你找到了学习的精髓!

2. 风度和礼仪

去看一下商务礼仪类、艺术进修类课程的报价,就能明白为什么要让你学这个了。即便不是很有天赋的人,经过后天的锻炼,依然能散发出迷人的吸引力。或许我们不能随手搭配几件衣服,不能一个轻描淡写的妆容就让自己神采奕奕,但不妨试着将一件简单的衬衫穿出贵族的感觉——不用怀疑这种可能,看看走红毯的女星们撞衫,总是有人让你觉得惊艳,有人让你觉得惊吓。不是服饰搭配的问题,是内在气质不同。

"气质"这个被用滥了的词如果不那么好拿捏,那么我们在为人处世的风度礼仪上下点功夫,依然能自然流露出高尚优雅甚至带点贵族气的味道了。

有风度,就是仪态优美,气度宏大,就是腹内有才学积累,脸上有得体笑容,就是不以物喜不以己悲的恬然淡定,就是三九月吹来的风,刚刚好的温度。

懂礼仪,是"礼"的内核在前,"仪"的表象在后。内心尊重自己和他人,自然便懂得了礼仪的精髓。

3. 自信和细心

我向来不太理解人际交往中将自己摆在特别卑微位置的人,他们从交际中想要得到的,真的就是别人对其颐指气使吗?想来应该不是。或许他们只是怕,自己如果表现得不够低调,那么有"求"于人的诚意便不够,更加之对方心里感觉不到优越,会影响到自己所要的结果。可是试问,一个在街边乞讨的人和一个在街边卖艺的人,你比较愿意给谁更多的金钱换取他的"努力"呢?只有相信自己值得对方付出,才可能收获比你期望值更高的回报。倘若自己都找不到理由来欣赏和喜爱自己,那你初识的那个人,又凭什么比你自己更能发现你身上的闪光点呢?去观察那些自信的人,学会那种美好的感觉吧!

假如我们把人际交往理解为一种自我销售,就能发现细心的重要性。无论是自我的优势展现,还是对对方需求的把握,大同小异,而能够胜出的人,多半都是在"小"处做足了功夫。早餐奶的牌子、下午茶的喜好……所谓朋友,就是那些你什么都不用说,就知道你想要什么的人。

4. 知识和思维

我们的生命长度和经历维度都决定了,我们所懂得的几乎有一大半都来自于间接知识,比如书本、故事、别人的分享。所以借鉴别人的优劣势最棒的地方就在于能够最有效率地获得已经被证实了的信息。吃一堑长一智的成本太高。通过和某人的交谈,你会知道如果想要创业,不是先思考企业文化和愿景,而是想好能够长期盈利的项目;电脑运行速度慢,可能由于内存不够,也可能是同时进行太多任务而造成它来不及反应。

但是仅仅学习知识,颇有点舍本逐末,人们的智慧更蕴含在思维之中。一个好的思维方式远远比一百个照搬的案例来得有用。"金字塔"原理教会我们写作的关键:先亮出结论,于是无论是写给科长的报告,还是向总经理申请费用,我们都能把东西写得漂亮,而且达到预想的效果。因为这里面蕴含的思维逻辑就是很多读你文章的人只想知道你要干什么以及为什么要这么干。

5. 远见和胆识

我在一次朋友聚会时深受打击,因为一两年前我曾和同事设想过的很多项目,别人都在做,而且做得不错——过分的是,他们的创意还不如我的。这件事情让我深深体会到,有独到的目光看得很远固然重要,有胆识去实现它们更为可贵。

我们所接触的人，有一半将我们从自己的思维定式中解救出来，另一部分让我们看到自己的胆怯是多么无谓。若能这样从别人身上找到自己进步的地方，前途真是无可限量。为什么朋友和人脉对我们如此重要？因为所有已经成功的人分享的经验看起来很简单。谁都可以这样复制吗？不是的，因为你想不到，或者想到了也不敢去做。但是如果有人帮助你，那么无限扩大的想象力和无限多的资源整合，就能让不可能变成现实。

弃——

1. 少包容

这本书讲的是人际关系，也就是要告诉你，你要和各种各样的人打交道。林子大了，什么鸟儿都有。接触的人越多，你会发现不符合你的习惯、喜好甚至价值观的人和事就越多。我们没有要求你委曲求全来赢得他们喜欢，但是包容的宗旨就是，我能够理解和体谅，但不表示我一定会接受。能有这样一种胸怀，真的是非常有气度的人了。包容，就如灯笼神奇地打破"纸包不住火"的俗语，让它在那里存在，充其量我们不作接触。然后你会发现，也许有一天你恨得咬牙切齿的人在老板面前说了一句"这个对手让我一直不敢懈怠"，从而为你赢得了一个很重要的职位；或者你看不顺眼的马屁精教会你，赞美是相当好的一块敲门砖。

2. 不大气

虽说细节决定成败，但细小如碎钻和沙粒，在价值上还是有天壤之别。大气就是能放得下无谓的小细节。近年来，很多领导力培训中有句流行语"请给我结果"，这是给那些喜欢纠结在细枝末节的流程里，却对达成目标没有直接影响的人们，一个最有震撼力的提醒。我曾经见过一些刚升任部门负责人的管理菜鸟，每天 N 个会议，N 通电话，关心的不过是一个培训班的参训人数到底是 80 人还是 81 人，和客户确定拜访时间到底是用短信还是用电话……诚然，如果你有用不完的精力，或许巨细靡遗地检查每一件事真的能让结果有 0.1～1 分的差别——在我们需要精确到小数点后三位的时候，但更多的，我们看的是 60 分和 80 分的差别。

不大气的人在60分的前提下一分一分地往前走,这时别人早就拿到90分了。

3.太自我

自我不是自信,前者是目中没有旁人的自私加自大,后者是正确审视自己优缺点后的自然流露。人际交往是双向甚至多向的交流互动,整个世界只有自己的人,很难非常好地融入一个圈子里。要照顾别人的感受,要关注旁人的需求,要看到人家的长处,要谅解各人的难处……太自我的人,在那一刻或许是享受这种感觉的,但也失去了享受更多成就感的机会。

他人是一面镜子,时而让我们看到自己的容光焕发,时而让我们发现自己的了无生气;时而像哈哈镜一样让我们意识到自己不知不觉中变形,时而又像单面镜一样让我们能清楚观察他人却无法审视自己。镜子不见得都是真实的,最真切的事情只有一件——聪明地看更多人,照更多镜子,我们就会收获更多欢乐和感悟。

训练:善意谎言的四个原则

有HR在面试时问过应聘者这样的问题:如果你的老板希望你完成一个项目,但是之前你丝毫没有相关的经验,你会如何回复他?

这是一个大好的机会,如果诚实地回答自己不会,不但会失去这样一个机遇,甚至以后都无法赢得老板的青睐;如果谎称自己可以胜任,万一没有达到预想的结果,可能连最基本的信任都要失去了。在这么两难的时候,你需要这样的能力——快速的自我训练。

谁都是从不会到会的,我们既然能从只会爬行进化成能跑能跳甚至舞蹈,那么什么样的困难都只看你是不是想要去解决它而已。差别只是在于,传统意义上的学习训练,或许对时间没有那么严格的要求,但是说一句不尽符合事实的话,只是为了赢得一个人的信任或者一个稍纵即逝的机会,我们就必须在最短时间里,把自己变成曾向对方承诺过的样子。

让我们先来想想大家都曾经吹嘘过什么吧。

刘先生想要追求吴小姐,女孩问他收入多少的时候,男士出于虚荣心或是别的原因,夸张了一下:"我月薪一万以上。"而事实上,他只不过是个小小的主管,月收入在 5000~6000 元之间。或许他们的恋爱很顺利,考虑结婚生子的事情,综合女方和男方(女方以为)的收入,婚后马上养个孩子也是能负担。恰恰就是夸张了的 4000 元左右,是抚养一个小孩每月的开销。我们这位先生已经说了谎,怎么办?他当然可以在这个时候坦白,太太已经完全了解他的为人,或许爱情和亲情会让这些金钱方面的"小事"不值一提,两夫妻积极寻求解决的方法。

不过这个时候,刘先生会认为,完全没有必要让太太为自己曾经的谎言买单,更关键的是,他要保留自尊,还有太太对他的信任。开始谈婚论嫁的时候,他的工作表现就比以往更加突出,并且适时地向领导提出了加薪。经过半年左右的努力,他不但升任部门副经理,薪水达到他之前向太太许诺的水准,老板还赠送了一些股权作为他们的新婚礼物。

丁丁刚进入一家公司,很希望和办公室里的女孩子打成一片。某天吃午饭的时候,大家聊起周末喜欢干什么,很多人都说喜欢去溜冰或者跳拉丁舞,这时有人就问:"丁丁,你会溜冰吗?有空我们一起去吧?"为了能够融入她们的圈子,丁丁冲动地回答了一句:"我会——不过溜得不太好。"我们能看出来,丁丁对自己的冲动还是有些小后悔的,因此补充了一句。后续的发展又如何呢?当天下了班,丁丁就去买了一双溜冰鞋,报了拉丁舞的学习班。每天只要有空,她就在男友的陪伴下学着穿溜冰鞋走路,然后尝试在小区的空地上滑上一段。摔了不少跟头,勉勉强强能不用人扶着自己溜行了,但是只要一碰到障碍,就会手忙脚乱跌倒。这天是周五,瑶瑶问她要不要一起去溜冰。丁丁觉得自己如果去的话,一下就能看出是刚上手,就推说家里有事情,没有参加这次聚会。但是后来的一段时间,她更加紧练习,一个月左右,她已经溜得比较流畅了。隔了几天,丁丁生日,同事们给她送上蛋糕,她就借此邀请大家去溜冰,说是上次没有参加,这次算是一个补偿。结果不但大家都玩得非常开心,最有技巧的康康还教了她许多花样姿势。更加巧合的是,公司年会的拉丁舞表演,正式员工里会跳拉丁舞的男士比女士多一人,瑶瑶记得丁丁说过会跳,就推荐她参演。之前的准备起到了效果,丁丁作为实习生参加了这个活动,公司里至少一大半的员工都记住了她。

你可能会问:有没有必要把自己弄得这么累,还要提心吊胆?干脆承认不会,但是大方地表示希望加入这个圈子,请同事们教自己,不也一样很好吗?

我会为你的坦诚和乐观自信鼓掌,如果可以诚实,我们当然不建议大家为了交际而无限制地包装甚至通过谎言来美化自己。不过事实却是,很多时候,人们会因为各种原因,脱口而出一句超出自己现有能力的自我标榜,还真的不方便承认,那么这时学一点快速训练的技能,可能挽回你在朋友或是同事心目中的形象。

诚如方便面包装上的"图案仅供参考",我们这些小小的夸张,要先确定一些原则,接下来有针对性地进行训练才有意义。否则,任凭你如何异想天开,都只不过是虚幻的梦境,永远无法实现。

原则一:确保你承诺的是你曾经或是正想要实现的。比如前一个案例中关于收入的谎言,最终能够完美地解决,是因为刘先生心中一直希望通过努力可以提升自己的职位和薪水,只不过他把将来的"可能"说成了现在的"确定",是有些小风险,但并非无可救药。

原则二:明确你会为自己的目标而努力,而不仅仅为了满足虚荣心。"我想"和"我是",有时候仅仅一步之遥,假如你只是在预支自己将会实现的梦想,就如同吸引力法则告诉我们的,学会"观想"那些让你感到幸福的场景,它们就可能真实地出现在你的生活中——但是你必须为了它们而做一些什么,而不仅仅是躺在那里做白日梦。丁丁学习溜冰和拉丁舞,她能想象出自己潇洒地在溜冰场上或者舞台上的情形,并且将这个画面通过自己的努力实现。虚荣心和梦想的差别在于,前者不是事实,所以你一想到就会觉得心虚,后者虽然暂时没有实现,但是你一想到就会兴奋和幸福。

原则三:你知道这个承诺能为你赢得什么,而你值得为此冒险。不少人在跳槽面试的时候,都会对上一份工作的薪资略作加工,希望能谈出一个令自己更加满意的待遇。不过必须小心的是,别以为你的谎言在任何情况下都不会被揭穿。HR们可以向你要以前的工资单,或者直接向你的老东家了解你的薪资情况。我曾经有个同事,应聘时虚报了整整两千的工资,部门经理知道以后非常不高兴,于是学历不低、工作卖力的他,进入我们公司之后的年度考核从来没有拿过"优秀"。或许你可以试试,将自己变动范围很广的津贴或者奖金,挑一个比较高的数值和老板谈谈,这就安全多了。

原则四:哪怕不能实现当初的谎言,也不会对彼此造成太大伤害。有人说女人天生爱说谎,其实不论性别,我们这一辈子的大小谎言不计其数。如果有一天哪位女士的先生发现,他那位购物狂太太承诺"一个季度只买一双新鞋"是个天大的谎言,她的意思是一个季度每个颜色、款式、质料的新鞋只买一双,应该也不至于闹得多大;但是如果她和某男同事关系走得太近,答应先生晚上8点以后绝不和那位男同事单独相处,却没有做到,这就是比较过分的谎言了。

我们的谎言可以体现在很多方面——能力、事件、感受、经验……如果想把这些夸张甚至幻想真实呈现,快速训练的步骤可要记好了:

首先,涉及完成训练的时间和当时想要的效果。比如一年内成为部门负责人,三个月学会打网球,两周能够熟练地跳一支民族舞,等等。

接下来,从现在开始到deadline的时间按照5%、5%、5%、5%、10%、10%、20%、20%、5%、5%、5%、5%的进度进行训练安排。最开始和最后的时间排得比较密,前阶段是为了保证能赶上进度,后阶段是为了确保效果。

开始训练的时候,注意规则、技巧和感觉这三方面的内容。比如你打算在一年内让自己成为一名管理者,能够驾驭一个5人以下的部门,你需要知道的是,升职有没有什么硬性指标(规则),是否有破格的可能,假使没有,你要怎样让自己成为特例(技巧),管理者应该具备哪些能力,可能要处理哪些问题,你是否做好了相关准备(规则)。最后你要学习像管理者一样自律,虽然你还没有拿到相应的薪水,但是可能要加班或是承担一些责任(感觉)。

当你掌握这样一个简单的训练流程后,就会发现其实胜任很多事情比想象中的要容易些。很多时候我们做不到,只是因为还没有掌握方法,以至于走了太多弯路仍不知道目的地在哪里。

不过,我们真的不希望你总是说这些"善意的谎言",总是赶进度一般把自己变成对方想要的那个人,这样的生活未免也太辛苦了。我们可以在"谎言"还没有开始的时候就给自己不断地充电,让自我获得提升,那么展现给朋友们的,就是日益令人喜欢和尊敬的那个真实的你了。

千万别放下自己的原则

尊严：你可以击倒，但永远无法打败我

这是一个越来越市场化的年代，似乎什么东西都能拿来出售。你在淘宝上能找到各种食物、服饰、化妆品、数码产品和家电……还有人拿新鲜空气、月球泥土来博人眼球。甚至还有要求每个人捐一毛钱给他的，居然还真有买家陪他玩这样的游戏，月销量十几万（即十几万人通过淘宝给他一毛钱），帮他轻松月薪过万。面对这么有想象力的世界，我们可能会越来越宽容；面对能赢得更有价值的机遇，很多人愿意"委曲求全"。厚积薄发，就是希望人们不要把自己看得太重，能蛰伏，能弯腰，在最后积累一跃而起的力量。

应届生不要太在意薪水和职位，而是要看发展前景；向优秀的人学习，要拿出一颗谦卑心，以争取他们愿意倾囊相授；追求心仪的女孩子，甚至要能忍受她百般刁难，"拜倒在石榴裙下"；做销售，客户就是上帝，卖东西顺带要卖笑卖萌卖可怜卖深沉……我们被磨得没有脾气，没有要求，只剩下一丁点儿的梦想，为了实现它，出卖很多东西。

可是,这不是应该有的状态!和任何人交往,想要赢得任何东西,可能都需要付出以交换取得,比如上述例子中的前途、知识和经验、爱人以及客户等等。可是你若以为把自己姿态放低就是赢得它们的关键,那就大错特错了!无论我们的身体以怎样的姿势去面对别人,我们的心都应当放在一个和他们同等的高度,这就是我们的尊严!

假如你不是很明白这种感觉,让我来举个例子给你听。

还有两个月就是王强的业绩考核期了,他自从接触销售,就碰了不知多少钉子。刚毕业时的雄心壮志被现实磨得所剩无几,他觉得自己就是一个失败者,每次看到客户,都觉得自己低人一等,是求着别人赏口饭吃的角色。他不愿意口吐莲花地欺骗,也无法像同组的张杰那样有本事让客户心服口服地签单。王强觉得自己没有销售的天赋,也不奢望像张杰那样成交上百万的单子,只不过希望客户看他可怜象征性地签个几千块。可是,依然没有人愿意帮助他。

主管看王强的状态每况愈下,看了看客户的名单,其中有一个是张杰的校友,就让张杰陪同着拜访一下。这个客户的确很难搞,连张杰这样的高手也被晾在一边,颇有点讪讪的感觉。王强一方面有些心理平衡:看,你不也拿客户没辙。但同时却有更深的悲哀涌上心头:为什么做销售就这么没有尊严?!

但是接下来的一段对话,让王强彻底震惊了。

客户:你们不用再多说了,我不会考虑你们公司的产品。

张杰:没有关系,我们完全尊重您的决定。但是我很想了解,您是出于什么原因不接受我们给您推荐的项目呢?

客户:你们这种小公司,完全不符合我们的品牌要求。与我们合作的,都是世界知名的品牌。

张杰:看来您真的是一个对品质和口碑很有追求的人。之前聊到,我们很巧合是校友,我非常高兴能够认识您。

客户:你别试图用校友来和我套交情,我不会帮你的。

张杰:您不必担心,我不是指望和您攀关系,只不过看到校友能够这么成功,我顿时也充满信心。现在我还年轻,虽然没什么职位和财富,但是我相信自己会一点一点地成长。

客户:你这个年轻人很有意思。

张杰:请问,您觉得一个年轻人在成功路上最需要的是什么?

客户:是努力,还有一定的机遇。

张杰:机遇是不是能理解为遇到愿意帮助他的人呢?

客户:这个……也是有的。

张杰:多半需要别人帮助的人,最初还不算特别成功,比如我们。可是一旦别人愿意相信我们的能力和潜力,他们这一点点的鼓励,会特别让人感动。在我还没有成功的时候,如果别人愿意帮助我,当时我可能回报不了,可是当我成功的那一刻,我一定会尽全力,在他需要帮助的时候给他以支持。

客户:……

张杰:所以我们的品牌现在还不是世界性的,不代表它不具备相应的性能;我们还不是销售总监,不代表我们没有了解产品、了解客户需求的能力。除了品牌本身的原因,您觉得我们的产品还有其他您需要了解的地方吗?或者我再和您介绍一下我们的这个计划……

最后,客户签了20万,并且给张杰一句话:你们的产品只是过得去,不过你这个年轻人真的不错,我看你愿意服务于这家公司,我相信你的眼光和能力。

王强在那一刻突然感觉自己之前那根本不叫销售,而是乞讨。一个人没有尊严地和人交往,那就不是在沟通,又如何彼此了解和信任呢?

或许我们还找不到一个很好的方式来形容尊严带给人的感受,可是不妨想象,如果把所有的财富都内化到身体里,那让你觉得自己富有且丰盛、高贵且体面的东西,就是尊严。

人际交往很多时候是在交换——交换知识、情感、实物、金钱……即便不等价,也基本不会相差太大,所以说"物以类聚,人以群分"。还有人脉圈的概念,好像要隔绝和自己不在一个层面的人。换言之,越有价值的人,结交的也是越高贵的人。这里的价值,不一定就用财富和资产、权势和地位衡量。或许亿万富翁、世界500强的CEO们不会和一个20出头月收入3000的愣头青一起开party,但是当他们去看心理医生或者和牧师聊聊,你一定不会觉得那些人的收入和资产与他们在一个等量级——但是后者可能更加富裕,因为内心的价值,那种尊严和自我认同,不是通过一家公司、一个项目就能赚来的。

可以说,当你的内心富裕的时候,财富上的富有会来得更快。

如何铸就一颗钻石一样高贵的心呢?问自己下面几个问题吧。

(1)我是谁?这是你的自我认知,也是我们在内心积累财富的基数。假使"我"是一个优秀的员工,那么就是从一个踏踏实实的职员开始奠基。当"我"成为一名优秀的部门管理者的时候,心里的自我价值已经增长了好几倍。或许你会觉得这种自欺欺人的游戏很无趣,"我"可以是世界首富,"我"还可以是国务院的某位领导人……是啊,当你觉得这种自我认知很自然,很让你觉得心里充满力量的时候,你的尊严感和你的潜意识是合拍的,你就能不断加强这种概念,一直到你完全胜任。但是如果你觉得这不过是个笑话,可能这就不叫尊严,而叫荒唐。

(2)我现在在哪里?每个人都在成长,但是能成长成什么样,完全取决于对自己的要求和期望。那些在北京地铁站唱歌的青年,也曾想过要登上闪亮的舞台;那些刚开始创业的年轻人,希望有一天能将公司上市。这都不难,难的是知道自己现在在哪里,更难的是知道自己这一路要怎么走。不知道成功在哪里不要紧,先明确自己的坐标,然后寻找一个指南针。

(3)我将要去哪里?维系一个人尊严最关键的就是这个目标,这也是我们成功的指南针。"富贵不能淫,贫贱不能移,威武不能屈"的品格高贵,就是因为信念里有个"大丈夫"的定位。可能现在我仍贫寒,但是我要为孩子提供最好的生活,我要让他们为我感到骄傲,于是即便现在只是个小小的推销员,连睡觉的地方都没有,我依然快乐而坚定地生活,谁也不能让我低头。这就是《当幸福来敲门》影片中威尔·史密斯呈献给我们的经典角色。

为了那些梦想,我们能够牺牲时间,散去金钱,甚至付出生命,但是千万不能丢弃尊严。倘若有人不愿意尊重你,那么,请潇洒地转身离开,即便对方是一个能给你亿万财富的人,或是绝世佳人。当他们不认同你的尊严的时候,你永远得不到他们等价的给予,这种关系是无法持久的。

尊严是,我可以被人、被事、被命运击倒,但是它们都不能打败我,我也不会被打垮。当我们成为命运的这样一个对手的时候,连上天都会尊重我们。

梦想：信念力量叠加法则

假如你很相信自己能成就一些事情,但是总有人不断给你泼冷水,告诉你不行,你会怎么办呢?答案很简单:如果你想成就它,就远离这些负面的声音。

亨利·福特先生说过一句很经典的话:无论你认为自己行还是不行,你总是对的。面对梦想的时候,很少有人内心丝毫不挣扎,因为梦想越大,越有各种挫折和旁人的质疑来考验你坚定与否。但是,能否成就这个梦想最关键的,不是它是否容易操作,不是你是否能胜任,而在于你的内心有多自信,甚至,你身边有多少人支持你,并且和你一起坚持这个梦想。

所以,选择朋友的一个重要原则就是他是否愿意信任你和支持你。

现在创业的年轻人很多,但是真正能够成功的,八成以上都是因为找到了风投。差不多的行业,差不多的年纪和学历,差不多的想法,能够在这千军万马中闯出来的,真是寥寥无几。能说暂时没有赢得成功的人,是因为能力不够吗?还是他们的想法太过天真?都不是,再异想天开的事情,都可能成为现实,人们可以在天上飞,可以在海底游,远隔重洋也能面对面交谈……不过,显然这样的梦想靠一个人的力量是远远不能实现的。你需要有强大的后盾——出钱、出力、出人,还要出想法和精神鼓励。

有同伴的梦想之路,和一个人孤独的旅途,到底有什么样的不同?

1. 信念的力量会叠加

三人成虎虽然不是个好的例子,但这个故事告诉我们,即便是谣言,说多了也会成真。而梦想与谣言不同的地方在于,谣言是不会唤醒潜意识的力量的,但是,一个好的梦想多想一次就能令人全身血液沸腾,就能让人充满斗志,就能使人疲惫尽扫。一个人,哪怕小宇宙再强大,也不过是一个气场;但是如果有很多人都坚信,那么这个信念的力量,将会让世界震惊。

《水知道答案》一书的作者江本胜博士通过一系列的实验,来证明水,这个星球上生命最重要的起源,是能够感知情绪和意念的能量的。其中最著名的实验之一,就是邀请志愿者完成为超越空间的魔法——

实验要求500个人在1997年2月2日下午2点钟的时候,想着放在江本胜博士办公室里的一杯水。从各个不同的地方,不同身份职业年龄的人,在同一时刻,同时想着这样一个念头:水变干净了,谢谢。这个实验的结果让所有参与者感动得热泪盈眶。下图就是水结晶(水的冰结晶)的显微镜效果图。

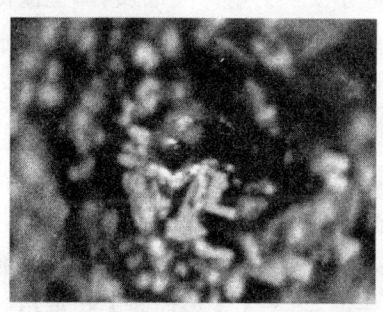 

不是PS,不是魔术的噱头,事实证明人们的信念就是如此神奇。这本书不是科学小品,我们不必花太多的篇幅和精力去了解这些现象的成因,只要把信念想象成电波或是磁场,你就能明白为什么当它被叠加的时候,能拥有如此巨大的能力。毁灭人也,信念;成就人也,信念。成功路上,你需要那些和你一样有着必胜信念的朋友,来帮助你结成一个强大的磁场,使你不可摧毁。

2. 痛苦的感受被分担

我相信大家都曾有过这样的感觉：伤心难过或者被病痛折磨的时候，如果有人能陪伴在身边，感觉会好很多。虽然还没有什么特别科学的原理来证明痛苦能够因为分担被"稀释"，但毋庸置疑，那种被人关怀的滋味，仿佛是一副最好的止痛药。梦想固然是让人快乐的，但正是因为终点太美好，所以这条路上必定会有许多的曲折，来筛选掉那些不配赢得这般盛大的恩赐的人。所谓值得，除了对梦想本身的坚持，还要看对待那些陪伴在身边的人是否有足够的感恩心及荣辱与共的情谊。

"同伴"，先要志同，更要能一路相伴。和我们有同样梦想的人太多了！希望自己做老板，希望拥有一辆酷酷的跑车，希望能在世界级的舞台上表演，希望自己和所爱的人健康快乐衣食无忧……这可不是望着天空向流星许愿这么简单。想做老板的人先要炒掉自己的老板，很可能在创业前期没有钱没有闲，你是一个人孤军奋战，还是有伙伴把一包泡面分你一半？想要自己在乎的人快乐，可能需要你牺牲时间陪伴他们，在他们难过的时候借一个肩膀，在他们得意的时候回一个微笑。没有人天生喜欢孤独，失意的时候更怕寂寞。能够一起享受美好算不得朋友；那些懂得你的梦想、你的内心的人，在你笑的时候不一定在，但当你痛的时候却永远不离开。若你也能这样回报别人，你们就是真朋友。

3. 工作的分配更高效

你能想象袁隆平哪一天不去搞高科技农业，反而涉足房产市场，或是刘欢不再唱歌改跳肚皮舞吗？即便能实现，也是一个很恐怖的过程。因为大多数人因为个性、天赋和兴趣等种种原因，只会是某一个方面的专才，只会对为数不多的几个项目有所涉猎，一个人无论如何无法承担起全部的工作和责任。

而大凡被称为梦想的，其实现过程也不会太轻松。一个人背着这个梦，到头来可能就不是美梦，而会变成梦魇。《西游记》里几个人的组合很微妙。唐僧一人无论如何是到不了西天的，每每碰上妖怪，基本都是靠悟空退敌，还有沙僧的经典台词："大师兄，师傅和二师兄被妖怪抓走了！"哪一个都缺不得。分工，就是各司其职。大师兄有能力除妖，让他保管行李就不合适了；沙僧做师兄弟间的和事老恰如其分，但是指望他保护大家就不怎么靠谱。悟空冲动，八戒憨厚，沙僧勤恳，白马感恩……所有这些性格的不同，在取经路上分工成"你挑着担我牵着马"，于是旅途不寂寞，也不惧艰险。

4. 资源的整合更充分

"有钱的出钱，有力的出力"，这句话太熟悉了！人们很早就发现，资源整合在成就一些事情上起到相当大的作用。但是在这里有一个大前提：那些愿意贡献资源的人，是觉得你的目标值得他们付出。毕竟，钱和力都是预支给别人的，一不小心就会打水漂。这样看来，选择那些相信你的梦想甚至拥有和你一样梦想的朋友，是多么重要的事情。

但有时候你会碰到一些"揩油"很有一套的人，钱也没有，力也没出，却非常能够把事情做得热闹却空洞，当大家开始庆祝成功的时候，他就来分一杯羹。遇上这样的人，千万要敬而远之，因为他消耗的不是你一个人的资源，而是那些为了你们的梦想而努力的人们的共同的珍贵财富。

区分这些人的方法很简单。真心追求同一个梦想的人，对这个梦想都是会有付出的，或者是实物的贡献，或者是身心上的投入，一句话概括起来就是，必定要有点"损失"。我曾经碰到过一个这样的人，他的几个同事想要创业开 IT 公司，算了先期至少需要投入资金 10 万，三个人入股的话，每人凑 4 万差不多。其中一人很爽快地拿出了 5 万，另一个解释了自己的资金不足，希望只出 3 万，还有部分技术入股，或者是公司前三年的盈利自己一分不要。偏偏到了他，找注册地说没门道，要钱说凑不起来，甚至找他开个会都不想来，最后这个家伙自然被扫地出门。两个合伙人的小企业已经有模有样，在我写这部分内容的时候又签下了一笔 50 万的单子。

5. 思维的宽度更广阔

我们不得不承认，有的时候你想破了脑袋也没有的灵感，在别人的脑瓜里真的就是这么灵光一现来的。有人对你的创意赞叹不已的时候，你会很不以为然地回答：就突然想到了呀。人的大脑真是奇妙，根本无法解释为什么有这样那样的想法,又何以思维总会枯竭。

同时我们又发现,当体力的效率已经无法与机器相抗衡,而技术的复制又越来越简单的时候,来自人的大脑——这个神秘的、至今还无法完全被了解的器官——的各种创意,就成了价值争夺的关键。如果成功是一场思维上的招标的话,很显然一个人去赢得这场胜利的概率就太小了。谁的思维都有盲点,不过这边缺的一个角用其他图形补充,你会发现越多的图形参与,你能拼凑的就是越有趣的形状,越充满变幻无穷的可能。

但问题是,动脑是相当费劲的一件事——如果需要你思考的是你所不喜欢的,就好比被逼着做无聊的工作,我们会偷懒。相反,碰到一件自己感兴趣的事情,真的会废寝忘食,效率极高。所以陪同你实现梦想的人,若你只是想假他之手做事情,说不好还能用上几个不情不愿的,因为是否偷懒可以监督。但动脑子给创意这种事情,谁又能证明别人有没有在做呢?毕竟你也有纠结很久依然没有结果的情况。志同,然后道和,最后碰撞出思维的火花。我们永远需要这样的朋友和搭档。

你可能会疑惑:如果我们只选择那些和我们有同样梦想的人,不接受别人泼上来的冷水,会不会过滤掉那些不同的却是好的声音,使路越走越窄?俗话说"兼听则明",我们难道就不要那些诤友了吗?当然不是!支持你的人,不一定说出的永远是甜蜜的好话,或许很多时候,他发现你的行为与你的梦想背道而驰,会站出来引领你,甚至以最严厉的方式要求你回到通往梦想的那条道路。我们要的志同道合,是指眼光都能远远地注视那个只有你们才看得到的目标,当你走得不够快的时候拉你一把,当你们并肩而行时能谈笑风生的伙伴。

承诺:别人眼中的信用,自己内心的信念

"曾经有一份真挚的爱情摆在我的面前,可是我没有珍惜,等到失去的时候才追悔莫及。尘世间最痛苦的事莫过于此。如果上天可以给我一个机会再来一次的话,我会对那个女孩说'我爱你'。如果非要给这份爱加一个期限,我希望是一万年。"电影《大话西游》里周星驰的这段台词已

经广为流传,不知大家是否还记得这句话是说给谁听的?其实这段话出现在两个不同的场景,第一个是紫霞用剑指着他的时候,第二个是至尊宝要戴上金箍的那一刻。看过电影的朋友们应该还记得,说得更投入和真诚的,其实是第二次。一次说给别人听,一次说给自己听,目的和感受截然不同。

这时我们就要思考一个问题:人为什么会承诺?

有句歌词唱"也许承诺不过因为没把握",因为我们会发现很多人承诺的时候,就是犹疑和充满不确定的那一刻。承诺不是虚幻无用的东西,它对人的心理有一种很强有力的调整功能。

有些人的承诺,不是为了让别人听,而是说给自己的。在那一刻,他很诚恳地确认着自己对某件事物的重视程度,让自己的内心充满力量,变得坚定而有信心,甚至整个人都会散发出庄严感。比如宗教里对偶像膜拜时的承诺,与其说是让上帝和佛祖听见,不如说是说给自己的潜意识,来呼应宇宙间那些神秘的力量。或是在法庭上的宣誓,你感觉那个举起手宣誓的人仿佛周身散发着光芒和能量。这些,就是承诺的作用。

当然,更多的承诺是对他人而言的,有口头的,有书面的,有面对爱人的,有面对生意伙伴的……形式多样,场合不同,但归根结底都是一个目的——用这样一个严肃的方式来表明自己的诚意。我们对承诺的期许,就是承诺的东西会兑现,而这个承诺通常要么是对方需要的,要么是对自己很重要的。比如恋爱中,男士可能会承诺永远对女孩好,这是女孩希望的答案;也可能他承诺工资卡上交,那是因为他认为交出经济权是爱的一种明确体现。

然而,检验承诺的真实性并不是一件容易操作的事情,甚至很多承诺不是为了真正兑现,而是表明一种立场。那么,承诺对我们来说,到底能带来什么,竟能让人一直乐此不疲呢?

首先,它是达成共识的一种体现。让我们设想这样一个场景:女孩子带男朋友回家,女孩的父亲一点也不喜欢这个男孩,始终不搭理他。男孩却跑到老人家面前说:我一定会对你女儿好的,最后得来好大一个白眼。

这能算是有效承诺吗？显然不是。反而是丈母娘看女婿越看越欢喜，觉得这孩子真不错，随后悄悄问：你会对我们家囡囡好吧？男孩一听就明白了，举起右掌发誓：我一定一辈子对她好。这才成交！双方认可一个承诺，就是目标一致的开始。

其次，它表明参与者们都已经明确了规则。承诺也是一种权利和义务的结合。承诺人给出的，是自己的义务、对方的权利，这是显性的。但同时其实承诺人也能获得权利，这就比较隐形了。比如相恋的男女，男性承诺给这个给那个，看似"吃亏"不少，但他爱那个女孩啊，对方愿意和他一起生活，幸福快乐，就是他所想并且能获得的。

双方享受承诺的时候，也就建立了一个明确各自的得失，以及如何兑现它的规则。这个过程将干巴巴的"交易"变成了充满人情味的交流。

再次，它对彼此能够形成约束。在很多场合，承诺是具备法律效力的，一旦形成口头或是书面的意思表达，假如不能够兑现，将会有相对严重的后果。我们发现承诺中会出现许多"必定""我一定会""保证"这类的字眼，瞬间就让人对这个话题严肃对待。前面已经说过，这是一个双方都参与的规则，虽然很多时候承诺看起来是约束做出承诺的人，然而接受别人对你的承诺，在心理上已经形成一个压力，更何况能让人以承诺去换取的，怕也是相当重要的事物了。于是一个承诺将双方维系在一起，对彼此都约束着，一方是要兑现承诺，一方是要给予别人用承诺换取的东西。

既然承诺那么重要，显然不是随随便便就能对人说的。假使动辄用承诺来作为交换，那么这个人的承诺会掉价，连带他本人的可信度和身价都要自由落体了。

承诺到底对哪些人有意义？

一是信任你的人。我们经常在一些电影桥段里看到，当某个人表示不相信的时候，就有人又发誓又诅咒又承诺的，恨不得把心掏出来给对方看一下。如果现实中，有人表示你承诺了他才肯相信你，那么很遗憾地告诉你，不论你做什么，他的"信任"，就像是对你的承诺的需求一样——是个形式。不敢信任是由于暂时还找不到相信的理由，这可绝对不是用几句话就能改变的。而在很多人的观念里,当怀疑遇上没有行动仅有言辞的妄图打动,会加深"解释就是掩饰"的先入为主的观念。对于这样的人,假使你真的希望能够得到他的信任,承诺不管用,因为承诺无法马上得到验证,反倒是一些实打实的行动比较有效。

二是重视你的人。说承诺其实更多的在于一种感觉可能不够贴切,不过有时候期待你承诺的人,倒的确不那么期待你所说的那些会不会实现,而是你到底肯不肯说。在他们眼中,你的言语和行动都是一种表态,而这些态度所蕴含的信息,远比你承诺的内容来得重要。因为他们重视你,所以希望你也拿出对等的重视感,来满足他们内心对于等价交换的小执着。

这里不是在教你利用别人的感情耍个小诡计以达到目的。当面对那些重视你的朋友,要时刻记得承诺是对己对人严肃地设定一个要实现的目标。信赖难求,真心的重视更难得,将承诺视为时刻约束自己去达成的目标,你能赢得更多人的心;将承诺视为一种投机取巧的手段,将会让自己失去所有朋友。

三是帮助你的人。我们会对帮助过我们的人说"谢谢",这是一种礼貌,可是礼貌在另一个侧面好像又表示出疏远。对于发自内心的感激之情,你会觉得一句"谢谢"无法抒发你所有想要表达的内容,于是有些人对于那些亲密熟悉的人,要么就不说谢,要么就要滴水之恩涌泉相报。何时报、如何报这些问题可能要留待以后再想,因为一个合适的时机不一定那么容易碰上。但是当我们想要谢谢对方的时候,不如再加上一个承诺,可以是轻巧如"下次有需要我一定全力以赴",也可以重视到"我答应你以后不管你遇上什么困难,我哪怕倾尽我的财力物力,动用我一切的朋友关系,都要帮你解决"。不为别人,就为保持人家一颗火热的心。试想,助人之人怀着满腔热情对你,虽不一定求回报,却能感受你的心和他的心之间的温情。温暖彼此,这是人际关系中最美妙的状态。

有人会想:我是个笨口拙舌的人,心里极好的想法,说出来词不达意岂不是糟糕?没关系,学会这样一个承诺公式,慢慢地就能在别人眼中建立起相当懂得人情世故,而且言必信行必果的好形象。

一个好的承诺包含以下内容:我将要做什么,我会做到什么程度,我什么时候完成这个事项。

承诺是给别人一个憧憬,这个憧憬是否值得期待是承诺的关键部分。所以,仅仅预知做什么是不够的,还要有更具象的表述。这一来是让对方明白你是真心想要达成这件事,否则不会想得这么深入,二来是在承诺的过程里,让自己对目标更清晰。"我会把这个项目做好"听起来像是个随口说说的假承诺,"我会成立一个功能小组,针对项目的设计、实施和推广,分别从市场部和广告部再借用几个人……"就有点认真的味道了。

承诺的点睛之处是它的 deadline。一句话说得好听,不知道何时实现,等于是梦境。当有了实现的期许,那么接受这个承诺的人和你有着同样的等待,便有了更多交流的余地。承诺轻易不作,作出承诺的那一刻,便是维系了彼此的关系;承诺兑现的那一刻,便加深了这份情谊。

我在新闻中见过一对夫妻间最浪漫的承诺,是这一生都要让你感觉到我对你的爱。于是他们每晚入睡前都和对方说"我爱你",说了几十年,如今白发苍苍的两位老人,不怕哪一天其中一位第二天不能醒来,因为在生命的最后一刻,他们都兑现了自己的承诺。

爱,就是承诺最深刻的传达。

中编　经营人脉

中编　经营人脉

都说打江山易,守江山难,建立人脉圈只是搞好人际关系的第一步。人的欲望是非常有趣的,当有明确目的的时候,非常容易满足;但当你不知道自己到底想要什么时,反而很难寻求到满足感。我们的人际关系假使只寻求结识、了解,真的不算太难的事情,可成为朋友之后,碰撞多,分歧多,还能不能一如既往地保持友好的关系呢?有些人拿捏得当,有些人就败在经营关系。在本章中,我们来了解一下到底如何与身边的人打交道。

信任是人际交往的第一通行证

安全感：四种方法帮你修炼强大的内心能量

情侣间时常会有这样的争吵：女孩翻看男孩的手机，男孩觉得女孩不信任他，而女孩却觉得男孩的所作所为让她没有安全感，所以才要主动了解他……这的确是一个很纠结的过程。而男女朋友只有这么一个，朋友圈子却是数以百计的，即便只算关系比较好的，也有三五个，这个时候，一个关键问题就出现了——我和朋友们的关系处理，有没有足够的安全感呢？

根据一个人对待一段关系的紧张程度，会有两种不同的经营方式：一是追着别人跑，二是朋友围着绕。这主要与个人的心理和习惯相关，倒不见得是重视与否的差别。我想你一定见过这样的人，占有欲特别强，自己的朋友和别人要好一点也要吃味儿。我认识一个更极端一些的人，差不多同一时间，她和另一个朋友都发了微博，她的微博没有被评论，但人家的却被她们共同的一个朋友评论了几句，她就会感到郁闷。相反的例子通常可能是平时不怎么关注朋友的私人生活，到想到聚聚或是有什么事情要沟通一下的时候,再去联系。这两个极端,一个太腻人,令人喘不过气;另一个又太自私,朋友如同工具。

中国传统文化里的"中庸"之说,用在这里,恰到好处。

我们说成为朋友的前提是信任这段感情,上述两种心理状态,第一种是对关系不够信任,觉得随时可能会失去朋友,一定要靠自己的力量来紧紧抓住他们;第二种是对人不够信任,所以太过自我,只有当必须发生某些关系的时候才找到那些人。前者可能让人很清晰地就看出缺乏安全感;后者的内心状态往往会被表象掩盖,其实,这同样是安全感不足的表现。过于自信地觉得别人一定会喜欢自己,随叫随到,这种不安全感是给自己的心加了屏障,看似坚固安全,其实是害怕外界的不确定,好比给家门上了好几道防盗设施。

真正的安全感发自内心,从内而外,不设防,却有着巨大的能量,层层向外辐射,感染他人。安全感到底是一种什么样的感觉?它让人感到舒服,使人充满幸福,其实,这不过是一些平常的感受,但组合起来,就成为强大的力量。

(1)平静。安全首先是不会慌张。平静虽恬淡,但却是深不可测的力量。放眼望大海,波光粼粼映着太阳,上面有船只航行,一片宁静祥和的气氛,虽温柔却博大,不会有人觉得这种画面令人没有安全感吧?如果换一个场景:波浪翻滚,惊涛拍岸,一派"水能载舟亦能覆舟"的气势。你感到靠着这样的力量,是安全还是心惊胆战?站在浪尖不一定身心宁静,面朝大海春暖花开更令人平和。锻炼自己内心能够维持平静的力量,你会发现安全感就从那里一点一滴生长。

(2)喜悦。笑,是一种表情;喜,是一种能量。可能有太多的教材教你怎样保持一个得体的笑容,好让所有看到你的人都觉得你欣然快乐,其实这个时候你内心却充满了委屈、感伤甚至愤怒。面具不是安全感。喜悦仿佛冬天喝下的一杯热可可,从你内里无法形容的地方,将温暖满溢到周身,比在身上裹一层又一层的衣服还要快速有效。在心里开出一朵让人绽放笑容的花儿,你会发现安全感在一天一天地茁壮成长。

(3)满足。"刚刚好"的感觉,就是满足。吃七八分饱的时候,我们常常感叹着好吃,下回还来,可如果将肚子塞得太满,反而会"三个月之内再也不想吃这个"了。满足就是把饥饿的内心充实起来,丰盈有弹性的感觉,空间是满的,细胞是活跃的,能流动能舞蹈。柔韧的状态,好比脉搏的跳动,丰俭由人,满足的感觉让安全感一下一下地膨胀。

(4)期待。如果有能够预知未来的能力,你想要吗?卫斯理有本小说讲的就是这个话题,和很多人想象中不一样的是,知道将来发生的事,非但不能给人安全感,反而令人觉得生无可恋。生活是需要惊喜的,家人、朋友、恋人、同事、学生……他们都有你无法预料的故事给你,所以,有期待就有力量。倘若有一天你完全知道身边的人会怎样,那会是多么无趣。在心中种下一个朦朦胧胧的梦想,等待它飞出来编织故事,安全感会一字一句地吟唱。

渐渐地你发觉,原来从内心培养出的安全感,是这样让人充满力量。

想要修炼这样的境界,你会发觉很多外在的东西无助于内心的成长。

朋友的多少不代表安全感。有些人怕寂寞,觉得空气冷冰冰,于是结交一堆朋友希望填补内心的空虚,越是这样越是在患得患失间更加缺少安全感。总会有曲终人散的时候,热闹过后更显孤独,甚至一群狂欢的人其实是若干个寂寞的个体之和,堆积起来是更多的寂寞。朋友是先求质量后求数量的,必得有个把知己,懂得你的快乐悲伤,陪伴你的跌倒和奔跑。

亲密度不代表安全感。"酒肉朋友"是看起来关系最好,大难时候一个都找不到的伪亲密关系。成天腻在一起,看似谈天说地无所不及,就是没有触及内心的深入交流。所以有些人常有应酬,兄弟姐妹不离口,却依然像没有依靠的孩子般无助。

朋友的身份地位不代表安全感。有人"罩着"听起来是件很酷的事情,朋友后台够硬,地位够高,想来就安全,因为没有什么事他们摆不平。事实呢?高处不胜寒,莫说这些有身份地位的朋友,是出于什么原因结交,说不好只不过是相互利用的关系;哪怕真是肝胆相照,有些事情也不是依个人想法说了算,还有规则,还有伦理,还有法律。小树苗依靠大树,能遮风避雨,但也会被抢走头顶的阳光、地上的土壤,更别提万一大树倾倒压在身上的痛苦了。

安全感只能由自己从无到有地练就出来,如果自己内心强大了,再有些靠得住的朋友,你们会散发多么强大的能量,让身边的人都感到安全和幸福啊。那么,怎么锻炼自己的内心,播下安全感的种子呢?

第一,划定一个私人空间给自己,在这里你至少有三件事可以做,并且它们令你感觉有兴趣和放松。

宅。人们在这个方面相当有经验,一个没什么值得局促地、坐立不安地一定要找一帮子朋友陪的人,通常是独处的时候不知如何打发时间的人。只不过,现在大多宅男宅女的兴趣太单一,足不出户时要么打电玩,要么追连续剧。我们建议这些宅男宅女准备一个属于自己的空间,这是个比较抽象的概念,不一定要约束在某个地方。它,是当你独处的时候,一个封闭的气场,里面只有你,你感兴趣的事物,你们共度的时光。假如你是一个文艺青年,读一本书,看一场话剧或一部电影,哪怕某个咖啡店里一杯饮料加一个甜点,听听音乐,让心情放松就好。假如你是一个运动高手,游泳、健身房、壁球……出一身汗,爽快的感觉,就是你的空间里最好的气氛。准备三件有趣的事,是为了防止审美疲劳,因为枯燥感会增加无聊和烦闷的感觉。所以,趁朋友们都没有时间的时候,拿起相机,骑上单车,自己和自己约会吧。

第二,建立两个以上朋友圈,一个与工作和事业相关,一个与休闲和生活相关。

我碰到过很多抱怨自己的朋友不够关心自己的人,他们多半生活重心单一。他们所谓的朋友,要不就是事业伙伴,下了班一起喝茶聊天,要么就是闺蜜发小,知道彼此家人和配偶,但工作差得天南海北。这会出现一个很常见的悖论:事业伙伴有自己的家庭和朋友,不可能一直和你人生理想24小时;亲密好友也要工作要赚钱,没法随叫随到帮你舒缓压力放松神经。朋友圈不明确,就容易导致自己角色的置换困难。其实每个人都有生活和工作中的角色要扮演,但是没有圈子,就如同没有导演帮你喊"cut",让你顺利地从上一个角色中抽离。所以,给自己定个闹钟,该工作的时候严肃高效,该娱乐的时候纵情洒脱吧。

第三,确定一下家人在自己生活中的必要比例。

是不是有的时候,我们的寂寞感都来源于朋友或是拍档的不够贴心?那些总是嚷嚷没有人关心没有安全感的人,很少想到回头看一看自己出发的港湾,却因为前面没有灯塔没有导航而摇摆不安。家人经常会被我们忽略,所以我们的内心无法强大。连身体都是从那里诞生,能量的来源又如何能脱离那无法割舍的血脉呢?想要给自己充电,那就留一点时间给他们。

第四,冥想和感恩。

这是最简单可行的方法,却由于没有那么快见效而被许多人放弃。内心的力量当然从内在的修炼开始。我们前面讲安全感是一种复杂的感觉集合,最纯粹的感觉是从冥想里找到的。同时,因为我们只会对自己已经在用的东西感恩,所以在冥想时刻加上感恩的环节,你会发现自己的内心变得丰富,满满的暖暖的舒服感受,让人觉得安全。

倾诉欲:沉默的人也有自己想要说的故事

人际交往初期,寻找话题是件很容易的事情,因为随便聊聊不用谈得太深,却总能笑笑闹闹。随着时间推移,有时总会发现好像和朋友们没什么话说,于是渐行渐远。他们沉默,是因为感情淡了吗?事实不尽如此。这是一个让人警惕的信号,却未必是坏消息。那些沉默的人,是想用这种特别的方式来暗示你,他们有故事。读懂了的人,友情会更坚固。

每个人的语言大约都是有配额的,一般来说,女性多一些,男性少一点。一样工作和交际,回到家里以后,妻子还能滔滔不绝,丈夫却不言不语。因为,他已经把今天该说的话说得差不多了,于是大脑发出"疲惫"的信号,来控制他说话的数量。由此看来,沉默是出于言语上的疲劳感,然后渐渐形成一种习惯。就好像很多人在临下班的时候已经萎靡得恨不得有张床就能睡着,但是朋友一个电话呼唤喝酒吃饭唱 KTV,马上就像打了鸡血似的兴奋。不说话,往往不是真的不想说,而是习惯不说之后,"体质"变弱,以为自己没有那样的精力。只要换个方式,就能引导出隐藏起来的活力。

对症下药,首先要明白人们为什么喜欢沉默而不喜欢说话。

第一类是因为没人听。自言自语可能每个人都试过,但那大多是一两句自问自答的设问,想象一下整段整段的话都是自己在讲,没人听没人回应,还不是背台词,那该是一件多么恐怖的事情!更大的打击来自于,你很希望别人能够跟随你的话题,但是几次尝试下来都无功而返,渐渐地就会发现自己对于说话这件事情没有天赋,因为好的演说者是能吸引很多耳朵的,于是,沉默反而是比较好的方式,是学习,也是保护。

经常有这样的场景:几个朋友一起聊天,其中一个被冷落,插了几句话好像也没人搭理,于是他干脆就拿出手机来玩,听听别人的话题,时不时抬起头来笑笑。谁又知道,他此时是什么心情呢?

第二类是由于不敢说。这种不敢,区别于因为没人听而不再有开口说话的欲望。恐惧源于未知,他们不敢,是因为担心选择的话题不够有趣;他们不敢,是害怕自己的表达不够吸引人;他们不敢,是因为无法想象成为焦点的感觉。这些不曾有过的经历,束缚了他们的勇气,使得他们总是被动地附和,却迟迟不敢迈出第一步来开启一个话题。有时候婚礼上就会见到这样的一些人,中了奖或是被抽到玩游戏,邀请他们上台讲两句,他们却连连拒绝。其实那个场景下,只要应景地说几句"百年好合,早生贵子"即可,没有人会期待他们妙语连珠。

第三类是不知道该怎么说。这是一个非常可爱的群体,他们有勇气,有表达欲,就是没有表达能力或者经验,于是每每他们在说什么的时候,你会发觉听的人和说的人理解的竟然完全不是一个意思,好比一个不怎么好笑的冷笑话。对于这些人来说,他们完全认同表达是必要的人际交往工具,所以心态是积极的,只不过经常性的交流障碍让他们养成了一个不轻易说话的习惯。或许是在酝酿一个更清晰的表意,也或者,只不过找不到一个好的机会讲话而已。

这个时候你可能觉得奇怪:既然人们有各种原因沉默,让他们讲话甚至是种折磨,那么为什么要强人所难地逼迫他们开口呢?

前面讲过,没有人是天生不愿意说话的,因为表达是一种本能,个人之间的差别不过是几十句话的配额而已。如果一个人经常性地沉默,或许连他自己都觉得"我就是个不爱说话的人"。这也不过是自我的认知,潜意识的表达欲望被压抑得太久,对人们的心理会有影响不说,也会被动地使之渐渐与身边的人产生隔阂,彼此无法了解。

表达有三个很重要的作用。

一是流畅地沟通。建立人际关系从沟通开始,保持沟通的流畅,就是维系一段不错的人际关系。沟通的前提是双向交流,所以一定要双方都积极表达。这不见得就是语言上的 AA 制,一来一往的数量和质量都要对等,不过一言堂显然不合适。如果我们发现在和朋友的交流中,永远都是自己唱主角,对方不说话或者很少表达意见,就是给我们非常明确的信号——现在的沟通遭到阻滞了,要找到最初的相对平衡的状态,因为朋友之间的交流就是感情的流通,无法流动便易成死水。

二是适度地发泄。似乎经常能看到这样一些女孩子,她们常常苦着一张脸,抑或是泪流不止,问她们发生了什么,她们却一言不发。没有经验的男士们,或许就把这些不知怎么是好的麻烦晾在一边,希望她们哭一会儿自己就好了;然而女孩自己知道,即便哭了一会儿眼泪干了,心里还是有郁结。这时你最应该做的,就是陪伴在她们身边,等她们哭完了,再作试探,或者不用试探,你也能听到一个伤心的故事。那是因为表达是一种极好的发泄方式,而运用语言来讲述,更像是抽离出来看别人,对于自我治疗效果更好一些。尤其对于那些长时间沉默已经成习惯的人来说,他们要么不讲,真的愿意讲了,就是一种极大程度的内在能量清理,等于给自己的精神来了一次彻底排毒。

三是深入地了解。有句俗话"多说多错"告诉我们一个道理:通过表达,会给别人很多信息,同时将自己更加真实地展现在别人面前,甚至难以掩饰。从另一个角度去理解,那便是通过倾诉和交流,我们对彼此能够了解得更深。假如不说,我们可能很难知道最要好的朋友其实喜欢的是小说而不是什么关于成功学的书籍;如果不告诉你,或许你根本不晓得原来爸爸妈妈的结婚纪念日居然就是今年的七夕……了解越深,感情越密切。虽说对一个人看得透了,可能没有神秘感,缺点也被放大,但有句话说得很感人:朋友就是那些把你看透了还是能喜欢你的人。谁不想要这样的朋友呢?

知易行难。道理摆在那里,可是让一个沉默的朋友愿意说话,愿意说真话,还的确不是件容易的事儿。可是,为己为人,也要让他们内心潜藏的倾诉欲得到满足,好比一次内心的治愈,一点一滴地来吧。

先引导。心理咨询师经常会遇到一些来访者,他们什么话都不说,只是木然地坐着,沉默长达数十分钟。这个时候,选择一个切入点引导他们开口就显得尤为重要。大多数情况下,我们可以从自己的感受先谈起,降低对方的紧张和抗拒。比如可以说:看起来你对手上这个戒指特别中意,它是不是有什么故事呢?

重聆听。之前的章节里对聆听已经重点讲过,这里就不赘述了。

适时地总结。沉默的表达者,通常在挤牙膏般的表述过程中都会有话语的中断,为了不冷场,同时也是出于礼貌,我们可以对之前的话题作一个总结和确认。要注意的是:不要试图用自己熟悉的话题将谈话的氛围提升,而是再艰难也要跟着对方的思路走一段,要知道,我们要做的是挖掘他的表达欲,并且使之有满足感。不过,这可不是领导总结发言,所以语调和语气要温和可亲,例如"你刚才建议我不要把太多东西放在C盘,然后定期做磁盘整理对吧?我一下子记不清楚那么多步骤,你能再说一遍吗?"

真诚地感谢。鼓励永远是一种培养好习惯的方法,那些沉默的表达者,如果被鼓励抒发自己内心的感受,将会渐渐喜欢上能与人交流的感觉。可是成年人不像孩子那么容易被取悦,太过直接的"这样很好"不一定奏效,换一种方式来进行,就是感谢。作为一个聆听者,我们固然是在帮助朋友说出心事，同时，我们一定也能学到不少东西，哪怕在对方支离破碎的表达里面，我们也能感觉到是信任支持着他对我们说了这些话。这样的情感，难道不值得我们欣喜和感激吗？

朋友是要经营的，要让对方知道你在关注，在陪伴，在聆听，彼此间的信任就因为这样的交流而愈加牢固。

感恩心：相信大多数人的善意

人为什么会需要朋友？我们在人际关系中寻求的到底是什么？

似乎很多人都不曾认真想过这样的问题，我们结交朋友，然后觉得有很多的朋友就是值得开心的事情，他们的情绪会牵动我们的神经，我们的难处也能从他们那里寻求帮助。有朋友一起吃吃喝喝，有朋友一起旅行游戏，给朋友打电话说说笑话骂骂老板，向朋友借点钱，给朋友送份礼……这种习以为常的事情，还需要理由吗？

有这样一颗充满善意的心，真是值得我们感动。

有些人会将人际关系视为一种交易，虽然他们也很真诚：我可能某个时候会需要他的帮助，但不能有求于人的时候才出现，所以需要时不时和他联络感情。这样的想法揭示了一个现实——不是谁都必然要对我们好和帮助我们的。不过我们也不必持以太过悲观的态度，觉得没有利用就没有朋友。毕竟，大多数人都是充满善意的，即便面对不认识的人，也愿意报以一个亲切的笑容。然而这个世界上几乎99%的人只是擦肩而过，很少的一部分会和我们有交集，他们出现在我们的生命中，是为了完成一个非常伟大的任务——让我们学习互助和成长。

所以，最幸运的事情就是，无论经历了什么，都是为了使我们比之前的自己更优秀、更聪明、胸怀更博大、眼界更宽广。感恩心，可以让我们拥有更多，变得更强大。

有人也许觉得，我营营役役为生活而忙碌，所有一切都是自己辛苦所得，那么努力居然才只有这么点收获，上天何其不公，我还要感恩它么？

我们在前面章节里提到过，没有谁是能够通过独自一人的力量在这个社会中生存的,和诸多的人之间繁复的人际关系,有时让事情变得轻松圆满,因为有他人的协助;但有时却纠结得神经紧张,还不如凭一己之力高效完成。可是不知你是否想过,既然一个人的力量可以做成一件事,那么几个人应当能够成就更大事业,为什么偏偏在这里却变成了障碍呢?或许是因为我们没有足够的能力应付这些关系,反而浪费了这么好的恩赐。只有懂得感恩,人生才会越来越积极,拥有使人信任和喜欢的能量,吸引更多的人来帮助你成就自我。

不如让我们来细数一下,到底是不是真有那么多值得感谢上天的礼物,不知不觉地降临在我们生命中吧。

(1)人。催眠术里有一个相当受欢迎的内容是追寻前世今生,那些热衷于做这个体验的人,仿佛又真的因为了解了"前世"的自己而让现在的生活多少发生了变化,身体上的疾病被改善了,僵持许久的人际关系和缓了。且先不去讨论这个神秘的体验到底是不是伪科学,从心理学角度可以理解一个现象,那就是做过类似体验的人,一定非常清楚"因果"的意义。如今的朋友也好,给我们带来麻烦的人也罢,都是有曾经的原因的。我们如果被谁善待,或许"前世"里的确为他做过什么令人感动的事,但也不要毫无知觉地挥霍这种友好,因为毕竟"来世"依然要还。如果有谁伤害了我们,追溯过去,我们一定也给过他很难过的回忆,这是在提醒着,伤心是多么令人痛苦的体验,我们要腾出更多的时间给已经很短暂的人生,来好好地享受幸福的感觉。

所有人,都是值得感恩的,教我们懂得反省。

(2)事。有句谚语说,所有事情到最后都是好事,如果不是好事,那是因为还没有到最后。但是在很多人看来,还没有到最后,事情已经糟糕到不能更令人讨厌了——老板不喜欢我,我可能很快就要被炒鱿鱼了;孩子也不理解我,他们就不能为我分担一点儿吗;经济已经濒临崩溃,居然还被人偷了钱……看来这的确是个很不幸的人。可让我们看看,这样的不幸是上天有意刻薄待他吗?老板批评,是因为他最近工作总是心不在焉;孩子只有几岁,正是天真玩乐的时候,父母很多烦恼,他们真的不懂;

钱被偷了,是失魂落魄的他把钱包随手一放,等想起来就找不到了。我们应同情不幸的人们,可是"可怜之人必有可恨之处",纵容自己沉溺在负面情绪中,不是一件值得提倡的事情。

事件和人的情绪、感觉、评价是应当分离的。我们经常会混淆,究竟是事情的真相如此,还是我们将事情看成这样。当我们学会从不同的角度看待事情,就会发现发生的一切都是提示,让我们有机会把事情做得更好。反之,一味沉浸在糟糕的情绪中,只会把所有坏事吸引到身边来。

所有事,都是值得感恩的,教我们懂得审视。

(3)物。虽然他有名牌跑车,我只开着一部小小的QQ,但我们都能接太太上下班,送孩子去学校;虽然她背的是爱马仕皮包,价值数万,但我的皮包也很得体大方,而且风刮雨淋不会心疼;虽然别人有无限额的信用卡可以刷,但我们想买的东西也能够买得起;虽然别人有豪宅别墅,但我们的住所也舒适温暖……物质对于生活来说,除去给我们增添便利以外,不过都是感觉上的愉悦。那个经典的渔夫和富翁的对话表明,只要能躺在海边舒舒服服地晒太阳,又何必纠结着有没有太丰富的物质傍身呢?我们所拥有的,就是值得感谢的,内心的丰富感才能赢得更多,觉得匮乏的人永远无法懂得拥有是多么美好的事情,于是他不值得获得上天的恩赐。

所有东西,都是值得感恩的,教我们懂得珍惜。

(4)己。说人的本性自私,却很少有人会对自己说谢谢。自责的人有,自大的人有,自卑的人有,自恋的人亦有。可是对自己最好的爱,是感谢。现在的我们,说到底都是自己创造出来的,成功,失败,高尚,卑微,刚诞生的婴儿顶多是智商或者资源上有些许的差别,最终的结果都是我们自己得来的。如果你觉得现在很好,一定要谢谢这几十年来自己为自己赢得的幸福;如果你觉得现在过得还不够如意,也要谢谢自己提醒自己最真切的需求,并懂得为它去努力奋斗。

我们最悲哀的地方莫过于,习惯为了各种利益而妥协于他人的要求,却从未向内审视一下自己。很多时候,内在的"我"是最有能力改变我们生活的朋友,有强大的力量、聪明的头脑、无穷的财富。拿掉面具,体验心底的声音,或许一声"谢谢"能赢得许久不流的泪水,让你彻底放松一次。

包括自己,也是值得感恩的,教我们明白真实。

感恩,不是一个念头那么简单,希望你能养成一个习惯,做成一个仪式,这样一定能从中收获无数。

如何做一个汇集能量、增强气场的感恩练习?如果你是初学者,试着准备一张纸、一支笔。我们就这样开始吧——

选择你想要感恩的某一对象(我们前面已经给过很多提示了),然后写下为什么要感恩它,越详细越好。通过回忆感恩的过程,好好地体会,当你充满感恩之心的时候,有什么样的感觉。这些感觉必然让你觉得相当美好,而一旦美好的感觉成为你内心的常态,你便拥有了一颗丰盛的内心,随时准备赢取更多,然后继续感恩。

不如让我们试试:我想要感恩这个假日,因为我可以关掉闹钟,随便自己什么时候起床。然后,想要躺着看看电视,或者吃一堆零食,穿着舒服的睡衣在家里走来走去。这些感觉是多么惬意啊。我真希望这样轻松的日子可以越来越多,想到有这样的假日,我的心情就会很轻松,连走路的节奏都会变得欢快……

请你好好观察一下上面这段话,里面全部都是正面的语句,写出你想要的事物和感觉,而非你不想要的。假如你想的是"假日里我可以不用接老板电话,不用忙忙碌碌看邮件和回信",那脑海里的画面想必不是轻松和愉快吧。感恩,谢谢你所拥有的和你想要的,这样那些让你感觉不好的事物会渐渐离开你的大脑和内心,最终远离你的世界。

感恩可以有很多形式,假如你想做得更有趣,可以准备一个感恩日记本,而不是一张纸,每天写下几条想要感谢的人、事、物,一段时间过后回头看看,会发现原来自己过得好幸福啊。

甚至,你可以把写下来的话大声念出来,通过这个方式,把体内不好的情绪全部赶出来。

假如你相当有灵性,还可以伴随着冥想来作感恩。安静舒适的姿势,轻松舒畅的呼吸,闭上眼睛想象你感谢的一切,还有那美妙的感觉——我好想感谢你,我亲爱的读者,你让我在写这个章节的时候无比幸福!

一致性:拿什么吸引朋友

毕竟我们是处在一个现实的社会而不是梦幻般的童话里,并非对所有的人都要无条件地信任,善意是应该的,但对伙伴的选择也是必要的。我们心中可以没有怀疑、怨恨这样负面的情绪,却可以选择与可能引起我们不安的人保持距离,让他们不至于影响我们的心情和打扰我们的生活。

那些让我们能够放下心来去信任去喜欢的朋友,性格、背景,哪怕习惯都可以与我们的迥然不同,但是一致性是一个基本的要求。

一致,不是要复制我们自己,有时候互补也是亲密关系中很有优势的一种组合。这里对于一致性的要求体现在以下几方面。

1. 价值观

我们能够接受学历与我们差很多的朋友,因为受教育程度的高低不代表人格的高尚与否;我们当然也完全理解收入和经济上的差别,因为财富的多寡不决定内心的丰盛与否。但是如果在价值观上全然是两个评判标准,不但无法成为朋友,可能还会造成严重的冲突。很多影片为了增加戏剧效果都会有这样的场景:恋人或者好兄弟,一方是兵,一方是贼,这样的纠葛,永远也无法找到好的平衡点。

去衡量一个人的价值观,这个命题可能实在太大。我们在甄选伙伴的时候,也不会用一个巨大的阵势来检测他是不是"自己人"。简易可行的方法就是,问自己和对方两个问题,假若答案基本一致,那么价值观也就不会差到哪里去了。面对一件事,先看"对不对",这是在框定方向,不至于偏离,再看"值不值",就是要我们审视内心有多坚定。

2. 责任感

很少有事情是一帆风顺的,一旦遇上挫折和碰撞,责任心是评判一个人能否坚持下去的非常重要的标准。有一个统计说京沪地区的离婚率高达三成以上,这个数字让人震惊。现今的婚姻自由,选择伴侣的形式更多样,同时人的性格也更自主,换言之就是不太会有媒妁之言、父母之命。可是自己选择的伴侣,却动辄分道扬镳,且这已经成为社会现象,我们不得不承认,在崇尚感情,没有感情就分开的前提下,还存在着对婚姻责任感的缺乏。婚姻尚且有法律来约束,但涉及家庭间的情感和经济的来往却是个复杂的人际关系。我们结交朋友,维系的仅仅是感情和信念,倘若没有责任心去对待这段关系,有好处就利用,有难处就抽身,这样的"朋友"太危险;况且许多时候我们是冲着共同的目标奔着成功而去,半路被人撇下,进退维谷,这种"朋友"能要么?

3. 真诚度

"一头热"这种事情放在谁身上都不是令人舒服的体验,感情的经营是双向的,有来有往,所以彼此的真诚度必须一致。没有谁会希望自己掏心掏肺地对人,结果却被当成工具一样耍弄。假如朋友之间,一方永远只会"谢谢"和"对不起",那么他只是在享用别人的付出,自己却总是令人失望,他的诚意可能只缘于害怕失去一个无条件为他好的人吧。说是失去了才懂得珍惜,可是如果我们总是最后才被珍惜的,这样的人际经营也算得上失败了。一开始就选择真诚待人的朋友,这是一种自我保护。

接下来我们好好聊一下,这些"一致性"的朋友到底如何寻找及评判。

不知你是否见过单面镜,从这边看,它只不过是一面镜子,你能看到自己,却不知镜子另一面其实是一块透明玻璃,你的一举一动都能被另一面的人观察得清清楚楚。我们在人际关系中绝对不要一块单面镜横亘,彻彻底底透明清晰的玻璃才是公平的前提。因此,我们还需要检验一下对方是不是也对我们真诚。以下四个关键词就是测试伙伴亲密关系相当不错的指标。

1. 低谷

"患难与共"是对朋友一个很高的评价。我们的生活中或许没有那么多落难的机会,不过人人都会有生活和情绪的低谷。这便是很好的考验时刻。

首先来看，当你处于低落期的时候，对方是否能发现，或者会想方设法帮助你重新获得信心。总会有些后知后觉的人，你不言不语，甚至说话有些阴阳怪气和平时不一样，他们根本不知道你是不开心了。这也怨不得他们。但是当你明确表示你难过和伤心时，对方却根本不尝试安慰你，这样的朋友的确让人灰心。但我们也不必太苛求对方用的方法，只要有心就好。我碰到过很"作"的人，摆着张臭脸，朋友安慰她，她嫌别人烦；放她一个人冷静一下，她又觉得别人不关心她。问她到底要的是什么，她却说"现在好烦，我真的不知道"。不过即便如此，她也应该明白，什么人是真心希望她快乐起来的。

反过来，倘若他肯将自己脆弱的一面展示给你，那么你们一定是彼此互相信任的朋友。因为大多人是不轻易让人知道自己忘形的一面的，无论是开心还是伤心，在不熟悉的人面前，永远有个恰到好处的"度"，只有面对朋友，才不会掩饰。

2. 秘密

朋友之间总有些自己的秘密，似乎这是区分我们和其他人关系不一样的标准。有职场宝典支招，帮老板做100件好事不如陪他做一件坏事。这虽然是旁门左道，但也揭示了秘密对于两个人的关系是多么有力的保护罩。这当然只是个笑谈，秘密其实只在于那种两个人可以一起享受旁人无法介入（因为他们不知道）的小空间的亲密感。比如两个女孩子相约去一个内衣折扣展，神秘兮兮地笑着，对别人的好奇只是回以一个"秘密"，这就算是很能够增进感情的小情趣了。

不过，再好的密友也是独立的个体，好友之间还需要能够尊重彼此各自的秘密。"无话不谈"，所有一切都了然于心的关系，那可能只是存在于幻想中的美好。能够共享秘密，能够保守秘密，能够尊重秘密，这是真的用心的朋友。

3. 动力

如果我们对朋友稍微有点内涵上的要求，而不仅仅为了吃喝玩乐，这个时候你需要知道，他的动力点在哪里，这是一个很好地区分你们的友情是否会长久的方法。试想一下,两个同龄人都是20出头的年纪,一个平时工作学习都没什么劲头,一听到结队打网络游戏就会两眼放光,而另一个平常生活之余,如果提到出外旅行、摄影就仿佛全身细胞都活了起来。这两个人情绪的兴奋点不在一起,那么除了同事、同学等必然要相见的时候,私人空间里的交流势必会随着时间的推移而减少,那么感情也就变淡了。"物以类聚,人以群分"这句话还是相当有道理的。如果有一件事情能同时激励你们有动力投入进去,例如讨论一下最近某个球队的赛果,或者PK一下这个年度的投资收益情况,甚至找到某家好吃的小吃店打电话给对方,他就马上冲过来了,想象到这个场景,就会觉得这样的朋友真是带劲儿。

4. 冲突

这一生你会有十几个甚至上百个能称得上朋友的人,但是交情能维持十几年甚至一辈子的朋友,可能只有那么几个。然后你发现一个很奇妙的现象:大凡向来在一起都是开开心心的人,似乎永远无法走得太近,而吵过架的朋友,居然却是最要好和最难忘的。

冲突,是人际关系中最微妙的催化酶。

未曾有过冲突的朋友,交情一般只停留在表层,没有机会有意见上的碰撞。有时候哪怕真的有些分歧,也觉得没有必要,或是不敢去把意见完全统一,争论个是非曲直出来。但是有些人的感觉对你来说相当重要,不好好地争论一番,把自己的感受和道理说出来,总觉得有件心事未了,恰恰对方也是这么想的。于是乎,虽然吵架,虽然争个面红耳赤,但是藏在心底的话毕竟说了出来。你们发现一起积极地面对这些分歧,哪怕最后的结果根本不是二择一,也能让你们感到满足。这样的朋友,或许真的是可遇而不可求。

宽容是人际关系的最佳黏着剂

淡化错误：不能改变过去那就经营未来

你有没有曾经因为谁犯了一个错误让生活平添许多麻烦？那个时候你的感觉如何？我想，那一定不是什么美好的回忆。你会想：如果没有这些麻烦，我的生活其实很顺利很平静，为什么会这么倒霉碰到这样的人？其实之前已经有过类似的事情提醒我，这个家伙其实不那么可靠，要是那个时候我就做好准备也不至于现在……打住！我们所追求的是生活的美好，而不是有没有错误（因为不可能有绝对不犯错的人）。当事情发生了，不如来问自己三个问题吧，那将会有助于我们拥有好心情和更好的状态。

这个错误给我们带来了什么？

这个时候你开始回忆，一团糟的事情是从什么时候开始发生的。那些场景就仿佛播放电影一样，在你脑海中一段一段地掠过，或许是连贯性的剧情，或许是混乱跳跃的片段。你觉得刚平静下来的心情又开始剧烈地波动，烦躁、难过，心口被重物压着一般的压抑感又出现，眼泪又开始止不住地流下来,甚至你想要大声叫喊,想要扔东西,想要通过破坏来发泄内心郁结的不舒服的体验。

当我们不断地回想,这些事件就无数次地在我们的情绪里重温,难过的感觉一遍一遍地被再次体验,一直到麻木。或者麻木一段时间之后,又产生新的刺激,直到我们疲惫不堪。然后你发现过去的很长一段时间里,我们都纠结于这种感觉。

然后你发现这些痛苦的来源都是一个错误,而这个错误是出于你的某个朋友。是他,让你的生活骤然多出这么些不愉快的经验,原本希望能够帮助你的朋友,反而变成了拖后腿的家伙。你开始怀疑,这样的一段关系到底是不是有助于你获得成长。

接下来你开始审视自我,进行思考:我是为什么会让事情走到这样一步的?问题到底出在哪里?

这是非常关键的一个思维分叉点。之前所有的埋怨和伤心,都是正常人的本能反应。有本书叫《不抱怨的世界》,说实话,这真的是很高的要求。大多人在情绪激动的那一瞬间,是没有什么理性可言的,更别提不抱怨了。情绪管理要求的是接受自己的情绪,然后找到其原因,最后让自己能够平静。让人遇事心跳不能加速,呼吸不能急促,是违背大多人的生理本能的。只不过,我们需要在尽可能快的时间里,使自己恢复到平常的心绪状态。毕竟,沉湎于自己的情绪是无助于事情的解决的。

当你开始探询问题的所在,你可能会有两个不同的结论。

其一,经过刚才对痛苦的回忆,你发现其实事情本身没有那么严重,但是你却通过复制痛苦,使自己不愉快的感受延续了好几倍的时间。于是你觉得不能继续把时间浪费在已经过去的事件上,开始思索接下来应当做些什么来补救这个遗憾。

其二,你也可能没有办法适时抽离出那个情绪,你愈发觉得是某个人让这些原本不应该发生的事情变成现在这副鬼模样,你想要和他争吵甚至报复,但内心又隐约有慌张和不妥的感觉。于是你纠结的内容从原本的"为什么会这样"转移到了"我该怎么办",很难作决定。没关系,我们不急着要求你现在就行动起来。不过问题重心转移是一件很棒的事情，它让我们进入到更有意义的环节——明确内心的需求。

只要我们有"要"与"不要"的取舍，潜意识里的欲望就会渐渐浮出水面。我们在这里捕捉到的信息，能够帮助我们找出自己真正想要的，拿走纠结，最终作出决定。有很多人喜欢抛硬币来选择，而且总能有答案，因为硬币在空中翻滚的时候你会知道自己比较害怕哪个答案。我们不要这么极端地折磨自己，不如再潜入更深的地方，看看内心到底在想什么。

假如这个事件延续下去，我们会获得什么？

是的，我们没有强求你去原谅那个你恨得咬牙切齿的人，也没有要求你必须强颜欢笑。但是问题已经发生了，必须做点什么吧。而现在你需要做的，就是想明白这个问题——要不要让这个结果延续。

你的朋友在你不知道的情况下帮你收了个包裹，并且打开了，然后整个办公室都知道你在使用丰胸产品。这真是让人崩溃的事件。

整个事件结束于你发现自己的邮包已经被拆封，里面的东西在整个办公室里传了一个来回。结果是，你觉得自己无地自容，感觉自己交了天下第一大损友（因为她甚至很诚恳地当着众人的面告诉你，其实你的身材不错），想要和她绝交。这个事件延续到最后，一定就是你们形同陌路，然后你把这个丰胸膏扔掉（很少有人能若无其事继续使用它），白白地花了钱还惹来一肚子气，你以后穿衣服都很纠结，穿紧身的怕别人观察你的胸部，穿宽松的又担心人家说你欲盖弥彰……是的，都是她的错！可是，就这样绝交的话，心里又有个你在扭扭捏捏。好吧，我们不逼你作决定，你尝试再问问自己。

假如能淡化这个结果，我们能获得什么？

淡化一个错误最简单的方式就是，用新的事件来转移人们对上一个事件的注意力，比如直接把问题解决，或者转移一个话题。前者指的是，比如有人因为没有及时完成计划书结果被老板骂得狗血淋头，那么用下午的时间赶忙把计划书做出来，并且完成得很漂亮，上一个错误的印象就会被淡化了。至于上述的案例，其实根本没有什么实质性的伤害产生

——如果有的话，也是当事人的自尊心在诸多想象出来的可能中被伤到了。所以只要转移大家的注意力，更关键的是转移自己的注意力，结果可能就会比想象中令人愉快得多。

让我们按照剧本来续写下去：你走进办公室的时候发现大家都在窃窃私语（或许只是你的想象），然后发现自己网购的丰胸膏在桌上，并且你的朋友Shally说是她帮你签收了，当时以为是你们一起订购的零食就拆开了，结果发现不是。你突然觉得全身的血液都涌到脑子里，差不多要爆发，只不过之前那个剧本你不太喜欢，于是你告诉自己，我是要解决问题而不是扩大问题，于是你深深地吸了一口气，然后平静地说，好的，零食到了你会告诉她一声。然后约她去茶水间对她说，下次你可不希望有互拆邮包的事件发生，万一从她的邮包里发现男朋友送的性感内衣，那就比较火爆了。你们笑笑，前嫌尽释。事情就是这么简单。至于办公室里的同事到底会不会关心你的丰胸膏的效用和你的胸围问题，我想告诉你的是，别太高估你在办公室八卦里的地位。用不了半个小时，女孩子们就该讨论下午茶到底叫哪一家的了。

看吧，淡化一个结果，我们先去寻求改变结果的方法，思考将来避免错误的可能，积极地维持关系甚至让关系更加好，这不是比纠结在错误中来得更加有意义吗？上述章节里讲到过秘密，你甚至可以和她悄悄地探讨使用之后的结果，哇，我保证她心里有了这个小秘密以后，不会再搞砸，私拆你的包裹，甚至还要阻拦别人对你的隐私感兴趣呢。

其实原谅一个人，原谅自己，就是那么简单，让我们回顾一下这个流程吧：

> 发生这件事的时候我有什么感受？

↓

> 继续这样的感受可能会给我带来什么？这个结果会让我更快乐吗？

```
         ↓
┌────────────────────────────────────────┐
│ 我能否设法停止这种不愉快的感受,如何停止? │
└────────────────────────────────────────┘
         ↓
┌────────────────────────────────────────┐
│ 当不愉快的事情结束了,会发生什么?        │
└────────────────────────────────────────┘
         ↓
┌────────────────────────────────────────┐
│ 造成不愉快的事情没有那么严重,我可以应付它。│
└────────────────────────────────────────┘
```

当你发现能够将重点放在将来而不是过去无法改变的事实上,宽容就变成一件非常容易的事情。因为那些伤害你的人和事,在伤害产生的那一刻之后,就都已经与事件无关了,接下来所有的感受都是你自己给自己的。

当然,我们可以原谅那些不伤大雅的无心之失,因为这是善良;不过,我们不一定要容忍那些刻意的卑劣行为,因为这是智慧。什么样的错误值得原谅,什么样的过错决不姑息?在下面的章节中,你将会学着成为一个懂得自我保护却又大方得体的社交明星。

换位思考:谁都有无法碰触的底线

换位思考一直以来都是我们去体谅别人的一种方式,但是今天我想告诉你的是,有时候调换一下位置,在意别人感受的同时,还可以很好地掌握人际关系的平衡。这个时候,我们可以做出相对准确的揣测来。

还是先来看看为什么要作换位思考吧。

1. 区分对方的善意或者恶意

人的心情和所处情境会直接影响其智商和判断力,有时候很简单的一句话,状态不同,揣测这句话的含义会得出天差地别的结论。电影《高举爱》里有一个场景,患有糖尿病的前举重运动员李丽想要重回赛场,教练要严格控制她的淀粉摄入量。于是,每次去打饭的时候,别人打满满一碗,运动量奇大的李丽,在教练的注视下,却只能吃一小口。

这个时候李丽的立场上的感受是:我好饿,可是我不能吃饱。

但是站在教练立场上的想法却是:控制病情是最重要的,她必须克服这些困难,因为这是她自己的选择。

当我们将两者的位置互换,去设想对方的立场,就能够明白教练让李丽减少饭量是善意的,而不是强迫她饿肚子的毒辣想法。

2. 思考自己的行为是否得体

男性和女性,年轻的和年长的,在同一个场合适合做的事情是不同的。或者,一个人的情绪也会影响其行为。换位思考可以让我们知道自己或是对方的行为得体与否,然后去判断这到底是不是一种冒犯。

来看一部电影《刮痧》。这是一个生活在美国的华裔家庭,5岁的小孙子病了,爷爷用传统的中国民间刮痧帮孙子治病。结果这对夫妻被控告虐待儿童,一个又一个物证人证令他们俩百口莫辩。西医根本无法了解这种传统中国疗法,但是我们对于刮痧、拔罐弄出来的紫黑色淤痕习以为常。

站在自己的立场,无论如何都能在对方那里发现问题;但是将位置对调一下,你也许会发现这样的行为像呼吸一样自然。

3. 让沟通更加顺畅

同样一个意思用不同的方式表达,对方的接受度会不同。换位就是想想如果我是对方,我希望听到什么样的表达。注意用语和口吻能够帮助我们避免无意中犯一些很低级但又很麻烦的错误。

我有两个朋友,一对小夫妻,感情不错,从来没有什么摩擦。但是某天妻子打电话给我,说老公可能有点问题。这对夫妻的所有收入都是放在一起的,以前都是妻子管钱。这两年来,由于妻子经常加班,去银行询问理财产品、存钱之类的事情就交给丈夫了。丈夫经常和朋友打打麻将,有输有赢很正常。但是最近妻子发现丈夫从来不告诉她输赢情况(她对输钱的丈夫数落起来比较唠叨),但是活期存折的数目似乎有些不对。

妻子想要和丈夫沟通一下这个问题,她原本的想法是:你还是把卡还给我,放在你那里我不放心。设想一下,如果丈夫听到这个话是什么感受?估计小麻烦将要引发大争吵。因为妻子重视的是安全感,而丈夫在意的是尊严和面子。经过商量,最终妻子采用了玩笑式的提问,丈夫坦白了最近手气不好,怕老婆大人烦,于是季度奖输掉了就没有如实汇报。问题顺利解决。

换位思考是一个很有意思的游戏,但它可不是简单的,"如果我是他,我会怎样"是一个有趣的推理和博弈过程。不如让我们来试试?

换位最关键的是逻辑的推理方式,所以这些问题都是我们站在双方立场,不断地变化思路,以找到大致平衡的切入点。

问题一:对方是什么样的思维逻辑,重感觉还是重结果?

问题二:对方的喜好是什么?不能接受的底线在哪里?

问题三:遇到某件事情,我会如何思考?

问题四:这时如果我求助对方,他会如何建议?

问题五:遇到某件事情,他们会如何思考?

问题六:如果这个时候他们来问我,我将怎样作答?

有这样一个案例,决策者遇到了困难——

小王是一家广告公司的职员,这天下午五点老板交给他一个任务——将客户要的文案送至客户手里。因为是非常重要的文案,且一定要在隔天下午两点之前送到,因而不能通过快递。小王计算了时间和成本,经公司同意,乘坐火车于隔天上午九点左右到达北京。从火车站到客户的酒店车程大概是一个小时,时间应该绰绰有余。但是由于北京大雪天,风大路滑,小王摔了一跤,又不巧遇上冒失的骑车人撞到他,结果造成昏迷并骨折。当被送至医院的小王醒来时已经是中午十二点多,他要求出院但院方不同意。急中生智的小王打了电话给客户的秘书来医院拿了文件,但是由于来回的时间差,文案送到的时候已经超过时间,这家公司没有赢得竞标,损失超过50万。但是考虑到是意外,客户不要求小王的公司赔偿,可是拒付文案的费用,理由是没有在规定时间里送到。

面对公司损失的8000多元的设计费用,和依然因病卧床的小王,他的主管对于接下来的处理方案非常头疼。

想要找到一个双赢的处理结果,就要员工心服口服公司的决定。

于是主管先考虑小王的思维方式:他是一个很感性的人,虽然脾气可能有点急,但是动之以情晓之以理的话,还是很容易沟通的。在公司几年下来,很少纠结于升职加薪这种事情,但是对假期和福利很在意。

再来想象小王的喜好和底线的话,会发现他对于企业的人性化要求很高,他不喜欢冷冰冰的制度,没有任何协商的余地;同时,如果以诚意待他,他也能接受双方都退一步的共赢局面。

主管对于这件事情的第一反应就是,不管原因是什么,我在布置任务的时候已经告诉他,必须两点之前准时送到,他应当有各种应付意外的预案,如果没有这样的能力,他就不胜任这份工作。公司的损失应当由他承担!

如果小王是在这个职位上,他会怎么思考呢? 或许,职员本身的确有失误,毕竟交派的工作没有完成,但是员工已经尽力寻找解决方案了,而事实上,他自己因为这个意外也遭受了肉体和经济上的损失。假如不是因为没有完成任务而因公受伤,公司是要给他相关的津贴的,不能因为这个事件就完全抹杀对员工的人文关怀……

小王这时想的是什么呢? 可能是,不知道公司会不会炒掉我,有没有可能要我赔偿损失,这个损失到底有多大,我能承担么?如果公司不炒我,也不知道什么时候能再去上班,当我回到公司,我的职位会发生变动吗? 这一来一去,医药费和误工费,我要损失好几个月的工资了……

假如小王不是我的员工而是我的朋友,他问我该怎么办的时候,我比他理性,我会建议他先主动向公司承认错误并且表示愿意承担公司的损失,但是希望公司考虑到这是意外而非人为故意,他自己也遭受了肉体上的痛苦并且要持续一段时间,能够不以病假(因为要扣钱)而视为工伤,给他一些能够不用去办公室就可以操作的工作,他可以少拿奖金或者不拿奖金,但是工资照发,否则他的医药费来源就会有问题。

经过以上的推理,小王的主管豁然开朗。这个处理结果不可能有一方全然受益,那么只要照顾到双方的各自底线,有情有理,也不失为一个好的方案。

于是周一公司发布决定:小王要为公司的损失负责,全额承担8000元的费用。但是考虑到他因工受伤,并且受伤期间依然积极工作,而他在文案设计方面相当有天赋,休假的这几个月,公司来年一二季度的文案交由他成立一个功能小组,配给他3个实习生共同完成。如果方案受到客户好评,他能够获得5‰的奖励。

小王对于这个决定相当感动,而公司高层也认可了这样的处理方式。后话是,小王休假期间特别认真,不但做的几个文案赢得客户广泛赞许,前后为公司带来上百万的业务,同时由于功能小组表现优异,实习生提前转正,而他本人也被提升为助理主管。这是近乎完美的结果。

换位思考,我们要的不是因为体谅别人而委屈自己,也不是凭一己之决断就要求对方服从。朋友、同事、恋人……诸多关系都通过这样的方式,积极寻找共赢的可能,使理性中有包容,感性中有原则。

当你能熟练运用的时候,可能只要这样两句话就能做好一个换位——

(1)对我自己来说,当我的朋友是这样(固执的、感性的、富有想象力的……这里可以填上任何适合的形容词)一群人的时候,我到底能容忍到(不干涉我私生活、不拿我当提款机等等你的底线)什么程度。

(2)站在别人的立场,假如我就是有这样一群朋友(依然可能是各种形容词),他们会希望我为他们做些什么。

明白了人际关系的底线,并且牢牢把握住,你会发现原来身边的人都很可亲可信。那定然是一种很好的感觉。

适时表达:压力源于可能被伤害的感觉

如今有一个人群叫"捏捏族",他们心情不好就去超市,将方便面捏

中编 | 经营人脉

碎或者将饮料瓶盖打开，以发泄自己日常工作的压力。这当然是相当缺德的做法。不过我们如果深入探究他们这种行为背后的心理原因，就会发现，人们面对心理上的不平衡，一定会找渠道宣泄。假如暂时找不到渠道，这种压抑会使发泄的力量爆发得更强烈。什么时候爆发呢？就像那句俗语说的，专找软柿子捏。

将情绪发泄在不会反抗的事物上，是人们的一种本能。而在人际交往中，我们往往会通过诸多因素的衡量，来看哪些人是需要我们很好地把握和他们的关系，而哪些人是不会太在意别人如何待他们的。这就好像跷跷板一样，假如不是双方都努力保持平衡——事实上这个平衡能维持的时间也很短暂——只要有一方用力稍弱，就会被另一方压下去。这是毋庸置疑的，我们不能埋怨什么。

所有人都希望寻得尊严，这是马斯洛需求理论里不可缺少的一个环节。只不过在基本的生理、安全和归属感还没有得到满足的时候，没有余力去关注这些需求。当人们因为各种原因妥协和压抑的时候，其实内心都在酝酿着一个爆发力和事件成正比的炸弹，而它的导火索的长度就仿佛一场拔河比赛，谁用力多一点，就赢得时间可以晚一点爆发，但是一旦点燃，后果更严重。我们千万不要轻易地去挥霍他人的宽容，挑战别人的底线，因为习惯性的忍让不代表没有脾气；也不要高估自己的忍耐能力，以为将所有情绪压入潜意识，看不到就是不存在。要知道，当一个炸弹爆炸的时候，周边的人都不能幸免于难。不如就趁它还没有积聚太多的时候，用聪明的方式来让它炸裂吧。火药可以是威力无穷的弹药之源，但也能绽放一束美丽的烟火。

压力和感觉有被伤害的可能密不可分。这种伤害不一定是身体上的，也可能来自于精神。比如布置一个很难完成的任务给别人会让人感受到压力，就是因为对方面对没有完成任务这个结果，在内心会有被伤害的感觉。所以轻易不要让自己变成软柿子，你会让人养成下面这样的习惯：

他们可能会无视你的意见。许多事情的决定是大家达成共识之后的结果,这个过程必然有争议,有些人会觉得无论哪一方的意见都可以满足自己的需求,结果是什么都可以接受,于是从头到尾是很好的聆听者。但是你要非常警惕,发表意见有时候不一定仅仅是为了左右结果,而是为了证明自己的存在感,并且让他人都意识到你需要参与。想象一下,假如每次投票你都弃权,然后突然有一次你其实很希望自己能够为自己想要的结果出一份力,然而大家说他们已经投票决定了,因为你向来不参与他们的决定。那时,你会不会觉得感情受到了伤害?

更糟糕的是,会造成偶尔你要求一次权益也会被看做是过分的要求。我们似乎总是在习惯了一件事情以后,不去思考当初为什么会养成习惯。别人的付出和妥协会被视为理所当然,突然间有人中止了这种权利,反而令人觉得无法接受。因为人的本能是拒绝变化,你到底要把什么作为常态,是非常关键的决定。有一个关于鸡蛋的故事,可能会给大家更多启发。

小 A 的妈妈每天给她煮一个鸡蛋,她不喜欢吃,于是就带给小 B,小 B 很感谢小 A。妈妈煮了 3 个月的鸡蛋,这天,妈妈生病了,于是没有给小 A 煮鸡蛋。小 A 因为自己不吃鸡蛋,所以压根没有意识到这个变化。但是小 B 很生气,她觉得小 A 已经不把她当朋友了,因为小 A 这天没有给她煮鸡蛋。

这样类似的事情,仔细回想起来,我们经历的真的不算少。人与人的摩擦碰撞有个很奇妙的地方在于,被伤害的感觉一直都在,谁主动表达出来,仿佛他就是那个真正受伤的人。毕竟看得见的伤口比较有震撼力。

当然,我并不是教你咄咄逼人,坚决不让自己受伤。只不过,千万不要不知不觉中成为一只人人可以捏的软柿子。所以,要宽容,又要智慧,你最好思考清楚这些问题:

你要包容一个人的底线在哪里。俗语说"事不过三",错误和冒犯都是有一个限度的,过了这个度,若继续姑息就不是善良,而是软弱和麻木。比如有人问你借钱,十几块也好,一两百也罢,说过几天还却总是没有后文(可不是那种经济拮据的家庭有人重病的特例),我想任何人都会直接把他列入黑名单吧。不还钱的理由或许可以接受,但是要再借,那就另当别论了。

你身边的这些人是否有感恩心值得你宽容。"客气当福气"说的是这样一些人,你声色俱厉,他们反而收敛;倘若你和颜悦色,就会被他们欺负到头上来。有些人犯了错,你的大度会被他们误以为是怯弱,这个时候,真的没有必要太过宽容,因为他们绝对不是感恩,而是笑话你愚蠢。

你原谅他们的目的是什么。每个人做一件事情都是出于某种选择,必然这边有取得,那边有舍得。原谅别人也是这样一种权衡。需要原谅的事情,一定已经有伤害了,可是我们需要忘记它,甚至自己付出代价来治愈它,为的是,如果扩大伤痛可能要付出更大的代价。比如有朋友失恋,情绪濒临崩溃,所以当她看到你家里一张旧 CD 时无比激动,一下子就掰坏了它。这张 CD 你很喜欢,是托了很多人才找到的,而她因为想起和前男友一起去唱片店挑碟片的经历而情难自已。我想你一定会原谅她,因为你们的友情比这张唱片更有价值。

当你弄明白这些问题,你可以有选择地表达自己受伤害的程度。对于那些无意中伤害你的人,并且伤害不是那么大,你可以轻描淡写讲一个玩笑让人明白,你是为了维持这段关系而不计较,也就一笑而过了。但是有些人也许犯了重大的错误,甚至是故意挑战你,那么这个时候,要学会博得他人的同情,即便你选择了原谅,也要让人看到是你在这段关系里用善良和大度赢得了掌声。

没有人喜欢做软柿子,但是也千万别把自己变成硬邦邦的石头。我们要学会表达这样一种意思:哪怕受到伤害,或许我可以原谅,但这不表示伤害从未存在过。这样,你在人际关系中会收获更多,而不会不断失去。

这可能需要一点技巧,不要那么直接,看起来是个复杂的步骤,却能令人非常顺理成章地接受。

首先,描述你受到伤害的感觉。我认识一个女孩,她急着找人帮忙的时候很殷勤,随叫随到,但是如果别人想要找到她,那就是很困难的事情了。电话和短信一般都是延时几个小时才回。我和朋友们都曾告诉她：你让我们觉得自己像是工具，你是不是该检讨一下？

其次，表达你理解对方的难处。她当然会给我们解释，我们笑着回应她是不是被男生追习惯了，"女王范儿"太大。她是一个很自我的人，而且习惯于独处，恋爱和交朋友都不是和别人腻在一起的那种风格。我们完全能够明白她可能根本想不到别人心里会有什么样的感受。

再次，说出你希望解决这个问题的方法。既然是朋友，不可能让别人都顺着她的意，她也要为这段友情做些什么。我们希望她哪怕隔了几个小时的电话也能回一下，即便没有重要的事情，也是礼貌和感情的交流。并且我们和她约定，朋友聚会的召集人就是她，期待她想出各种有趣的点子来。

然后，确定你们能够达成共识。这不是一件多难的事情，只不过之前她没有这样的习惯。后来我们干脆开了一个微信群，时不时在群里留言。她有时候上来看看说两句话，有时不见人影也会被"骂"几句。但她很努力地在改变自己，隔了一天的留言也会回应几句。

最后，如果你验证了对方真的愿意为这个错误改进或者付出代价，你们就能继续保持这样的关系。假使碰到些虚心接受却屡教不改的人，或许你要重新衡量有没有必要对他们挥霍你的宽容了。

而我们这个朋友，每逢遇到什么好吃的，就会想到把大家叫出来聚餐。我们戏称她为"没良心的小吃货"。不过这也算是融洽的朋友关系，不是么？

有个故事说：伤害好比在树上钉钉子，即使把它拔掉，还是会留下一个个洞。或许当我们什么都不做的时候，只发现洞越来越多，无法弥补。但是如果被第一个钉子碰疼的时候，树就及时和钉子沟通，那么唯一的那颗钉子上，可以挂起一条漂亮的丝带，来点缀树的生活。

宽容不是无条件原谅，而是为了更好的将来。

坦然面对：敢于说出"对不起"及"我爱你"

假如我们对"谢谢"和"对不起"两个常见礼貌用语做个统计，很可能前者的使用频率远高于后者。有首歌的歌名可能比较容易解释这样一个现象——"Sorry seems to be the hardest word"（"抱歉"太难说出口）。

不如你也想想自己，是否有同样的心境。

当这两个词需要被使用的时候，通常都是双方会有"人情债"的牵连，区别只是"债务"的大小而已。很多人甚至在无意识间就有偿还的动作出来。比如有位男士在就餐时替女士拉开座椅，女士习惯性地回以一句带着微笑的"谢谢"。你可以说这是受过良好教育的习惯，但是同样应当习惯的"对不起"却不是那么容易脱口而出。究其原因，其实人们都不喜欢欠别人人情。需要表示感谢的人，是受了他人恩惠，内心时时提醒自己需要偿还，"两清"了便没有那么大的压力。而一句感谢，就是形式上的主动偿还。反过来，需要说"对不起"的那刻，是挑明了等对方要求你来偿还欠债，主动权不在自己手里，好比钱包里有着几千元的现金可是都不属于自己。那种感觉，的确相当难受。

而"对不起"背后更让我们难挨的期待，就是一个原谅。前面关于"宽容"的探讨，让我们感受到伤害已经存在，要人们去原谅是一件多么不容易的事情。原谅别人很难，因为要大家放下伤痛的感觉，笑对给我们疼痛的人；原谅自己更难，因为同样的场景会不断重现，却又要我们淡忘那种感觉。

于是很多人会选择不面对自己的错误，甚至羞于承认。

大凡叫做错误的，都是有一些让人不喜欢的结果产生，而且，这些令人难受的结果还要牵涉到他人。比如我们骑车没有抓住方向盘而跌伤自己，那种疼痛是轻松的，没有负罪的感觉；但是假若我们还撞到了一名过路的老人，自身的痛楚可能早就被心头的震惊和慌张掩盖了。于是有些人会匆忙间逃逸，有些人会即刻去关心对方是否受伤。前者即使不被舆论责备，也要受良心的谴责，因为错误纠缠着使人难受的本质就是我们自己不愿意接受犯下错误的后果,也没有勇气面对其他人要为我们的错误承担这些后果。好比一个伤口,虽然鲜血淋漓直白恐怖,但是如果能忍着疼痛放下恐惧,去消毒、包扎,拿出 5 分钟的勇气来,伤口也看不到,疼痛也会减轻,直至愈合。但为了逃避 3 秒钟的视觉冲击和 1 分钟的消毒剧痛,些微的痛觉会一直蚕食我们的神经,拖延痊愈的时间,甚至会感染细菌加剧伤害,乃至留下永远的疤痕。

因而,坦然地面对这些,支持我们的未必是勇气,还有尽快使伤害结束的心情。大多数人都是害怕疼痛的,那为什么要让它长时间地纠缠我们呢?长痛不如短痛,一句道歉,好比是能使人疼痛的消毒水,是为了让被割裂的地方能够快速愈合。

我们都曾犯过错,也曾原谅过别人的错。回忆当时的心情,被伤害的人在期待什么?首先是一句道歉,接着是对事情的补偿。就是这么简单。我们的记忆承载不了那么多,到了最后,关注的依然是结果。几米有幅漫画说道,无论这场球赛是否赢了,合影的时候你们一定要开心地笑。若干年后再看照片,你根本不记得那时发生了什么,只对那时的笑容和泪水有印象。

有人说:既然如此,为什么一定要逼迫我说出难以启齿的那句"对不起"呢?只要我默默地做出补偿,使得最后的结果能够接近使大家都满意不就好了?可是亲爱的,当伤害出现之后,可能会有伤口,也可能只是淤青,然后伴有疼痛的感觉。道歉就好比对它的舒缓和治疗,是一种心理上的抚慰,这甚至比药物和手术都来得重要。所有伤痛都会自然愈合,可是,假如能不留下疤痕,谁又愿意去面对那些丑陋的记号呢?

对不起,是对伤口温柔的抚摸,让它免受粗暴的缝合。

对不起,是对痛楚甜蜜的转移,让它不再紧抓你的神经。

对不起,是用一刻的勇气,换取之后朋友们愿意一直赐予你的力量。

当你终于学会并且习惯将"对不起"挂在嘴边,会不会又感觉自己怎么总是在伤害别人,于是一直道歉?所以接下来有句更加需要勇气的话,你也要学着时时对你认为重要的人说出来,那就是——我爱你。

中编 | 经营人脉

这对中国人传统的内敛习惯而言,又是一个巨大的挑战。

假如"对不起"是我们应该表达的,那么我们的爱,就是对方应该能体会到的。居然还要说!如果能用说说来证明,爱不是很浅薄?!

亲爱的,你又错了。我们要你勇敢开口说"我爱你",不是因为对方不知道,而是担心你不明白自己到底有多少"爱"投注在里面。

将"我爱你"表达出来,是一种很坚决的证明。这代表着非比寻常的责任。父母对子女的爱,是要将其生育养成,给他们亲情的温暖、衣食的无忧、良好的教育、言行的典范,是要下一辈的成长比自己更幸福更优秀;男女之间的爱,是希望在一起生活,享受彼此的优点,容忍对方的缺点,为了这份情感放弃自由,约束经济,孕育后代,是要面对由被父母照顾转变为需要照顾对方;朋友之间的爱,是要分享资源,要收敛脾气,要耐心聆听,要用心鼓励,是要把自己的目标、喜好、时间等等和一个与你的血缘、亲情没有关系,只是内心有着共鸣的最熟悉的陌生人交织在一起。上述所有的事情,做一次两次并不难,可是一旦有"爱"的维系,就变成了需要持续经营的感情,变成沉甸甸的重担。不敢说的人,因为害怕自己承担不起。

却仍有一些早已将伟大的爱背负在双肩却从不表达的人,他们只是缺少说出来的习惯。更确切地说,他们习惯了这些付出,却不明白,其实这就是需要告诉对方的、最令人向往的爱。有多少父母曾经经历过,子女在少不更事的时候,会在争吵中脱口而出"你们不爱我";有多少擦肩而过的恋情,是一方默默守候,另一方却以为只是自己的错觉,最终选择了勇敢追求的某某某;有多少肝胆相照的好友,因为各种误解而分道扬镳……他们总是以为,哪怕我不说出来,你也一定会知道。可是,再有默契的人,也没有一部思维复制机,无法完全读懂对方的想法。一念之间,会有各种怀疑和不确定充斥心间,演变成诸多猜测。其实,养成坚持付出的习惯,比轻松地说一句话要难得多,既然能够用行动来表达,为什么不试着在行动的同时,解说这些行动背后深沉的情感呢?

更有一些人,迟疑间担心的是自己能否胜任一段关系的经营。他们对"爱"赋予了太多复杂的要求,将它看成是高高在上难以触及的梦想。在他们看来,自己没有准备好爱别人,也不值得被人爱,于是虽然他们付出和经营,虽然他们期盼和获得,却始终不确定自己到底是不是因为爱。于是他们身边的人,也弄不清楚这种若即若离的示好与关怀究竟为什么不能明确成想要结交朋友或是追求爱情。

  人与人的交往是相互的,感情和行动都不可能永远在独角戏的状态中,互动需要的是对方的信任和鼓励。所以,放下内心的担忧和怯意,坦然面对那些需要去经营的人,才能够让彼此的关系更加紧密和谐。

  我们都曾了解过没有安全感的空洞难过,也曾讨论过如何让自己变得强大自信——要有一颗满足和充满期待的心。是什么让内心能有这般的力量?当然是爱的感觉。而为一颗心注入能量的最简单的方式,就是给它表达这种情感。

  一只翅膀的天使想要飞翔,就要拥抱另一只翅膀——爱弥补了遗憾;一个丰盈美好的生命遇上另一个,就扩大了喜悦的能量——爱增强了幸福。谁都是在不断追寻成功和完美的过程里,学会说"对不起"让我们拥有更多伙伴,学着说"我爱你"让我们放下更多不安。面对内心最恐惧和最渴望的,你才是一个真正勇敢的人,而勇气是我们向未来赢取自己想要的一切的最好准备。

积极成长:锻炼自己的"幸福体质"

  我在一次聚会中听人感叹:什么样的人就有什么样的朋友,想要进入更高端的圈子真的太难了。相信这是很多人的体验,也是他们的无奈。其实,进入新的圈子没有那么难,只不过你要做好准备,让自己不断成长起来。这是我们终生的功课,永无毕业之日。

  都说人以群分,所以小白领们即使参加几次奢侈品沙龙也无法融入财富俱乐部会员的圈子,而暴发户们哪怕开着布加迪威龙去听一场古典音乐会,也不会受到优待的特权。进入更高端的圈子是不是真的全然无望了?

当然不是!

许多人永远无法结识更多的朋友,拥有更广的人脉,进入更好的圈子,不是因为所谓的游戏规则,而是因为他们始终不做任何改变。他们可能会反对说:我进修,我参加培训,我积极学习,希望能够让自己更有学识、财富和底蕴,但是没有用,我依然无法成为我想要进入的那个圈子里的人,他们根本不接受我。

或许你的确在行动,但是看看我们所做的一切,所谓充电,是在同样的生活模式下,抽出一点时间来,把之前的游戏换成如今的新鲜玩意儿,有一点却始终没有变化——我们还是原来那个没有前进的自己。这种所谓改变,只不过是在自己的舒适圈里兜兜转转,看似变换了位置,但无异于原地打转。一个想要成长的人,首先需要打破根植于自己习惯里的毛病,它们虽固执,但是只要你能改变其中一个,也是很大的进步了。

总觉得自己财富不够,羡慕那些赚钱很轻松的人,开始学习投资,却依然记不住"别人贪婪时要谨慎,别人谨慎时应贪婪",赚到几个小钱就洋洋得意,看到市场的些许波动就心跳加速。于是,他们还是维持原有的收入水平,或许只是年终奖金发多发少的差别。

想要成为一名管理者,看了很多管理类的书籍甚至进修 MBA,理论知识非常扎实,然而回过头来计算上下班的时间和工资津贴的发放却精明得超过一个资深会计,若干时间以后发现依然没有人提升自己的职位和薪水,于是抱怨连连。

....

我们对"成长"的要求不是一夜之间成为圣人,但至少要找到我们对现状不满的原因——与自己有关,能够改善的那一点。客观世界里有太多无奈是不以我们的意志转移的,所以想要积极成长,我们要创造一个新的世界,使得自己能够在这个空间里,用正面的思维,做有益的事情,交重要的朋友,结丰盛的果实。

这就意味着我们需要做到这样几点。

1. 拥有积极的心态

我们对自我成长的定义可不是什么一朝富贵,固然职位提升、财富积累等等都是它的体现,但究其根本,是整个人的气质和品位都有一个提高,而不仅仅是势利的"发达"。所以,积极成长的第一步在于心态。

好心态指的是,我们在追求某件事物的时候,不是因为对现状不满,而是想要更好的生活。不要小看这两种表达的差别:前者的心态里充满了负面情绪,于是整个气场是压抑的、对外退却的"不要";后者却是像海绵一样充分吸收,有了我接受的,然后寻求更好,是相当正面的"我要"。所以我们仔细看看身边的很多人,就知道为什么都渴望过得更好,拥有更多,也看似很努力,却依然得不到自己理想中的一切。更确切地说,他们只知道自己不想要的,却没有为真正的理想描绘出一幅具体的画面。

成长的第一步,就是运用你的想象力,为将来的自己写下一个剧本——什么样的状态,什么样的表情,什么样的生活,什么样的朋友。当这个剧本越写越让你兴奋的时候,你就已经在轨道上了。

2. 体验美好的感受

成长首先是一个过程,然后才是某个阶段性的结果。所以一定是有苦有乐的,并且大多时候带给我们的是充实和愉悦,而不是高处不胜寒的空虚。

假如某些收获带来的不是轻松,那么我们可能就要好好审视,这到底是不是一条能够让我们获得成长的道路。比如有些人为了获得名利不择手段,将身边最亲近的人都得罪甚至出卖,坐拥大把财富却落了个众叛亲离的下场,最后感慨悔不当初。这样的发迹,一定不能称为成长。

我们所希望的,应当是这样的感觉:我在物质上的享受,让我觉得生活更加舒适,原本要经过反复考量才会决心去购买的东西,现在我能轻松获得;我在精神上的体验,令我感到加倍充实,未来对我来说是值得期待和充满惊喜的,而不是担心和焦虑;我在身体上的感觉,是空前充满精力,我能够充分放松和休息,也能够迅速恢复状态。假如我们身心任何一个方面,都感受到比以往的自己更加喜悦和满足,那么我们就是在不断接近那个更好的自己。

3. 收获更好的结果

我们始终强调,人是不可能独自在这个社会生活的,必然要与各种人有各种复杂的关系。于是,只有一个人进步,就相当于我们撇下了辛苦经营的圈子,不断远离他们,然后好不容易进入另一个,一段时间以后又撇下……这样循环下来,哪怕我们的确在成功的路上越走越远,却也失去了很多,最终成为孤独的英雄。一个人进步远远不够,不时地和朋友互动,让大家一起成长,才是最好的结果。

这可不是在教你好为人师,自己有了丁点儿的不同就到处得瑟。带领大家成长,就是让更多的人和自己一样,拥有好的心态和好的感觉。谁也无法教会别人幸福和快乐,但是也许能和大家一起分享让自己感觉开心的事物,这是一种理念。从有好事发生才能快乐起来,到没有什么不开心的事情发生就一直开开心心的,锻炼自己的"幸福体质",就是大家都得到成长的方式之一。

只有这样的成长,才能让更多的人都变得优秀,身边的朋友会以彼此为荣,友情更坚固,朋友不会流失,激情不会消磨。

"成长"这个词或许太过空泛,我们能够使自己变得更好的,可以是以下几个方面。

1. 性格

俗话说"江山易改,禀性难移",所以很多人以为性格是无法改变的。但是现代心理学对人们的四种气质作了分类,我们反而发现,性格可以根据环境进行训练,而气质的确无法改变(对气质的分类有兴趣的读者可以参考我的另一本书《别以为你有能力就够了》,其中还有比较详尽的气质测量工具)。比如销售和演讲能让原本内向的人变得外向,而钓鱼和拼图则能让急性子的人锻炼耐心。性格本没有好坏之分,我们需要的,只不过是让自己更适应某一个环境而已。当你想结识一些朋友,胜任一份工作,组织一项活动……而你的性格在这一方面有缺陷,那么,果断地改变它!

2. 习惯

很多时候，我们心血来潮做一件事情，感觉不错，也想着要持续做下去，却往往半途而废。因为习惯会让我们回到自己最熟悉的轨道上生活。所以想要成功，就要养成成功者的习惯，而大凡这些习惯会让我们在一开始觉得别扭。想要学理财，得有记账的习惯，成为管理者要有以结果为导向的思维模式而不是寻找理由……对于我们来说，衡量一个习惯好不好的标准只有一个——它是否能帮助我们达成我们想要的目标。除此之外，究竟有多难根本不在考虑的范围之内。再难的事情，多做几次，养成习惯了，回过头去看也不过如此。

接下来的几个话题，可能会见仁见智，因为每个人对它们衡量的标准不同。不过我们依然能够找寻到成长点。

3. 事业

不是谁都想要升职加薪的，但是如果日复一日将自己的工作变成复印机式的重复，真的不是什么值得赞扬的事情。最起码的成长，应当是把别人要求我们做的事情，从中至少抽离出一两点，是我们自己想要去做，然后要求自己做到不断进步，一天比一天好一些。有些一定要做的事情，假使被动接受，那就变成耗费生命；但若能主动享受，哪怕初衷不是自己所愿，也会成为很棒的体验。那些爱吃榴莲的人，谁能担保吃第一口时不是有点迟疑的呢？

4. 生活

"轻轻敲醒沉睡的心灵，慢慢张开你的眼睛，看看忙碌的世界是否依然孤独地转个不停……"我身边的朋友，有不少将生活视为自己的负担，太多的身份，太多的责任，让自己一直忙碌，时刻不能停歇。有了爱人，有了孩子，有更多的朋友，到底是幸福还是束缚？当我们带着这样的思索去生活，就会发觉所谓成长，便是从责任里体会甜蜜，从负担里感受成就。人们从身边的朋友那里获得帮助，也为他们提供服务，所有的互动过程其实就是付出和享受的交流。这便是生活。

5. 经济

很有意思的一个现象是,许多人在拼命地赚钱,感觉依然不够。他们存折上的零变多了,生活质量却没有更好。经济的提升不是指个人资产多了多少,而是指能够有更充足的预算去享受让自己更快乐的生活。钱是拿来用的,而非拿来数的。经济学家不会告诉大家,经济最大的提升就是它带给你快乐而不是烦恼。

一个人假如真的在这些方面都获得了成长,连气场都会不同。当我们有这样的朋友时,谁会不愿意尽量和他在一起,去感受那份恬淡喜悦呢?

个性是人际交往中最棒的吸引力

智慧：聪明让人嫉妒，智慧令人羡慕

有一些人往往给人这样的感觉：你喜欢和他沟通，无论是求助一些问题，还是聊天或者共事，都相当轻松愉快。你发觉有很多东西不需要特别解释，对方就能理解；有些事情困扰你许久，对方却能给出一个令人豁然开朗的启发。这是一种能力，我们可以称它为智慧。

我们有时会觉得某些人聪明，在同伴间解决问题貌似总是最快最好，这是高智商，多半来自于先天，不是每个人都能够有的。但是我们能够将自己的情商在不断的锻炼中提升，这可以通过后天的努力获得，可以让更多人不见得聪明但是足够智慧。

很多时候在人们看来，聪明和智慧是一码事，都是反应快、记性好、理解能力强。不过当我们进入本质去理解它们之间的差别，就会发现这种不同相当明显。聪明属于个人的光彩，是外显的，旁观者仿佛是在看一场表演，觉得相当精彩，却无法复制。而智慧很内敛，如同一个香薰瓶，慢慢地由内而外散发香气，使得周围的人也能沾染。因此，太过聪明的人耀眼

到刺目，反而会惹人嫉妒；但如若拥有的是大智慧，却只会带来令人称羡的影响力。

你可以用这样一个方式来检验自己拥有的是小聪明还是大智慧——你希望别人如何定义你到底是个怎样的人？

睿智、大气、有魅力、有风度、具备管理能力……这些都是相当漂亮的形容词，如果被人这样评价，一定是非常优秀的人了。然而这种优秀，不见得就能赢得别人的赞赏，或许你的迷人在别人眼中叫妖娆，你的优雅在别人口中是做作。聪明的人能够将自己的优点亮出来，同时他们也将承受他人的品评，因为人是如此主观，认知里既然能有褒扬，自然也会伴随着各种不认同。

充满智慧的人却会淡化别人对自己的评价，与之有关的记忆是他们的帮助，他们的启迪。换言之，是别人因为智者而获得了自己想要的那一些事物。人都有自私的一面，自卑和自傲结合在一起，导致我们要喜欢甚至佩服一个人的理由必须是对方能给自己带来诸多"好处"。比如一个点子帮助我们赢得一个重要的客户，一句箴言恰好用在一场刁钻的面试中，一声安慰放松我们沉重的心情……优秀的同学通常是竞争的对手，而博学的老师却往往获得更多仰慕。

智慧，让人拥有充分的影响力，而这种影响是在潜移默化间慢慢发生的，不是强制，不是训练，而是你感觉应该以这样的方式来改变自己的想法和行为，深信如此的话能让自己变得更好。于是，再大的智慧也不会像闪耀的钻石一样刺目光鲜，它不是众矢之的，而是温润如玉般渐渐成为与你融合于一体的独特的气场。

智者如玉，明眼人知道其价值何止万千，不识货的人却会将其看成赝品。

只有没有底气的人才会炫耀和计较别人对他的评价。充满智慧的人根本不屑于宣告自己的内涵和体会。我曾经在一个应届毕业生的简历辅导讲座上看到一些同学罗列了密密麻麻的奖项，独缺实习经历。他们很不好意思地告诉我，实在是除了一些奖项和证书，他们没有什么能写出来证明自己能力的东西了。恰恰是这样明显的对比,让我们很快就能看出这些孩子在社会经验方面的欠缺。炫耀的危险在于,很可能轻易被人发现心虚的所在。

智慧是不需要去证明的,它只是静静地在那里,等待有缘人的发现。我们都曾有过这样的经历:自己相当得意的一个创意,说出来居然无人喝彩,于是赌着气将它付诸实践,成功之后却有一帮子人围上来说什么早就知道你一定能做出一番成就来之类的话。选择成为玉石就注定了要等待,黄金有价玉无价,上好的玉石不见得比赝品华美,深邃的智慧不一定比小聪明讨人喜欢。于是你的智慧和特别也许只有为数不多的人懂得欣赏,不可能做到众星拱月——至少在被证实具有价值之前。这样说来可能会感觉有一点寂寞,那不如就习惯于只为伯乐而奔驰,只为知己而倾诉。

我们一生可能会遇到很多称得上是朋友的人,那时的我们可以是红宝石,是水晶或者钻石,夺人眼球;但同时我们只能得到一两个交心的知己,这时不需要我们多绚烂,就做一块纯粹的墨玉,深沉而久远。

智者如玉,最初接触时会微有凉意,但是久而久之却成了恰到好处的温度。

拥有智慧的人会少许多因为冲动而产生的热情,在有些人看来,便是带点傲气的冷漠。其实,我们常说有才干的人个性都比较奇怪,也是类似的道理。或许不尽然是恃才傲物,只不过因为经历得比较多,逐渐地就没有那么容易兴奋起来而已。好比出去旅行,第一天刚到新鲜的地方,食物和景点都相当诱人,猛吃猛玩一通之后,自然就需要缓一缓;假使走过很多景点,尝遍各地美食,领略各种风光之后,旅行可能只是换一个地方呼吸一下不一样的空气这么淡定的事情了。

所以说智慧不是让我们充满拒人千里之外的冷漠,只不过对于能够深交的朋友,会有更加慎重的选择。多一些朋友不是坏事,因为人脉是相当重要的资源,但是经营这些人际关系必然需要我们付出时间和精力,不可能所有的人都掏心掏肺地深度交流,不仅仅是因为我们做不到,更可能这种平均分配的方式会让我们损失一些真正值得交心的人。不够智慧的处理方式，是喜欢的人我就腻在一起，不喜欢的人我就冷冰冰地爱理不理。我们给你的建议就是，善意而礼貌地对待那些与我们或许只有点头之交的人，温和地与值得深交的人沟通，好比佩戴一块翡翠，触感先凉后温。俗语说"头三年人养玉，之后玉养人"，朋友也是如此。

智者如玉，时间在其身上不是残忍的刻刀，而是厚实的积累，愈是弥久，愈是珍贵。

友情是这样一种很奇妙的关系，有时候时间会放大那些微小的缺点，所以有很多亲密无间的朋友会产生莫名其妙就爆发的争吵，或者不知不觉就慢慢成为陌生人；但也同时会因为时间，愈合一些细微的伤痕，把感情逐渐从一杯清水酿成弥漫醇厚香味的美酒。我们用本能去看待友情的时候，时间只不过是一个个跃动的点，某一个时刻，某一种心情，都会影响我们对朋友的感觉。如果我们将智慧注入其中，时间会成为一条绵延不断的线，维系人与人之间的关系，一个又一个来回之后，拧成几股，紧密相连，于是就坚不可摧牢不可破了。

拥有智慧，我们就能恰到好处地处理各种关系，在这个群体里，会有新人进入，会有不合群的人离开，而我们却能坚持着影响力的辐射圈，并且日益受到尊重。

结交有智慧的人，我们便如拥有一块宝玉，这样的朋友能净化我们的心灵，温润我们的气场，让我们不知不觉与其融为一体，学习到智慧，传承到经验，共同提升自己的价值。

智者如玉，看似相似，每块玉却都各有不同。

一千个哈姆雷特，一千种观人立场。智慧最有趣的地方在于它所蕴含的思维方式，好比玉石上千差万别的纹路，决定了世界上没有一块玉是一样的，于是这个世界上没有一个人的思想是相同的。智慧不在乎正确答案，身边越多智者，你就会发现越充满趣味。多种思想的碰撞交流，有无数种排列组合的可能，不怕灵感的枯竭，没有机械的重复，甚至每一天最让人期待的就是朋友们聚在一起。独具个性，却又融合得极好的一群人,这之间能发生多少充满惊喜的故事啊!

学习用智者的方式思考,便是要求我们能发现自己的特别,找到他人的个性。智慧不要求完美,同样一个玉环,通透有通透的好,纹路有纹路的美,接受彼此的不同,学习欣赏这些特别,便是智慧的开始。

而智慧最博大最有价值的地方在于,它所追求的不是结果,而是那个积累价值的过程。黄金可以打磨成色,宝石可以切割形状,而一块玉却因为戴在不同的人身上,永远不断地有新的光泽和能量。我们所追求的独具个性、百变的智慧,就是要将自己的心声、自己的感受全部融入,化为"我"所独有的思想,并且逐渐培养演变,使其成为日益精彩的财富。

幽默:后天锻炼幽默感的四个秘诀

如今有一个数字为人们的生活增添了许多乐趣——二。它现在甚至成了一种精神,充满娱乐性,无论是自己的故事还是别人的笑话,都让生活变得多彩起来。虽然大多时候说一个人"二"不是什么褒奖,但渐渐地也有更多的人将它作为一种亲昵的玩笑,无论是自嘲还是形容别人,都带着点可爱的感觉。这是非常好的现象,因为这个社会越来越有包容心和幽默感,毕竟谁都喜欢和快乐的人接近,让自己的生活也充满乐趣。

幽默感能为平淡的生活制造许多快乐。一个幽默细胞发达的人,在人际交往中会很有优势,同时,自己过得也很舒心。

首先,它能够吸引别人的注意力。说到幽默,人们的第一反应就是开心地笑,所以一些能让自己快乐起来的事物,大家自然会比较关注。人际交往中经常会遇到需要作自我介绍的时候,大多都是姓名、年龄、过往经历等等被用滥了的模式,如果这个时候能将幽默感融入其中,效果就会更好。培训和讲座的主讲,也通常会穿插一些幽默故事来使自己的演讲更生动。大学教授的课程通常让人昏昏欲睡,多半是由于这些老师实在缺乏幽默感。

同时,幽默还可以加深记忆。虽说我们的大脑被开发的部分少之又少,依然完全可以充分记住很多信息,可事实却是,那些枯燥乏味的东西我们就是无法记在脑子里，反而一首打油诗、一个小笑话、一句经典台词能够长时间留在我们的记忆中，甚至几十年都不会忘记。化学公式是很多人曾经的"噩梦"，太多需要背诵的内容，广东一名充满幽默感的老师将周杰伦很红的一首歌《青花瓷》的歌词进行了改编，"色蓝絮状的沉淀，跃然试管底，铜离子遇氢氧根，再也不分离；当溶液呈金黄色，因为铁三价，浅绿色二价亚铁把人迷……"初次一唱全班笑哄堂，再次一唱人人不会忘，接着就成了流传甚广的段子。

这又是一个增强正能量的好方法。在我的另一本书里有个章节专门讲到气场的修炼，正能量会让人的气场变得强大，从而让自己更具有自信和影响他人的能力。一个懂得幽默的人，周身必然充盈着喜悦轻松的能量，任谁走入这样的气场里，都会感到舒畅。

当幽默感融入我们的习惯之后，它还有助于身心健康。用幽默排遣郁闷，用幽默淡化恐惧，用幽默减轻愤怒，用幽默缓释紧张……这些容易给我们造成压力的情绪，因为幽默感而变得没有那么可怕，于是那些负面的情绪就不会积聚在体内，在一两个笑话间，就随着开怀大笑而释放了。

人与人既然有接触，就难免会发生碰撞，幽默感能将一些问题通过简单的方式解决，人际交往也会愈加顺畅。

冷场时它能让氛围迅速升温。破冰的时候最常用的幽默形态可能就是冷笑话，它与普通笑话不同的地方在于，后者往往一听就能引起笑声一片，但是冷笑话的笑点通常要经过思考才能发现。整个场面鸦雀无声陷入僵局的时候，如果一个冷笑话从天而降，大家依然面无表情，但是几秒钟之后，有几个人突然"扑哧"笑出声来，那么凝固的空气也就出现了一个缺口，能够再次流动起来了。当然，如果是个特别能掌握氛围的人，不见得要以冷笑话来打破僵局，毕竟"冷"的感觉不是我们在人际关系中所追求的。

争执时它有如一泓清泉冷却喷火的情绪。有时你会碰到这样的人，解释他不听，冷战不行，非得你和他你来我往地对话，而且还没有消停的迹象。我们能怎么办呢？面对这样不在讲理状态的人，又要幽默感出马了。这样的案例多见于小情侣的争吵,女孩子因为男生没接电话或者迟到而生气,讲个应景的笑话,女生虎着脸说了声"讨厌",马上就雨过天晴;但是如果遇到个没有幽默感的男生,憋了半天依然是解释,估计就要冷战一段时间了。

尴尬时它将大家的注意力不露痕迹地转移。犯了个很别扭的口误,衣服没有掖好,突然间放了个响屁……可能大多数人在第一时间会觉得血一下子都涌到了脸上。只有为数不多的人能够像什么事情都没发生一样调整状态,于是我们需要一个台阶,就是幽默感。哪怕是自嘲,让在场的人都笑笑,神经没那么紧绷,氛围也会完全不一样。

无论在什么场合使用,幽默感其实是一种生活理念:没有什么问题无法解决,保持乐观开朗才是最重要的。所以我们不需要长着一张金·凯瑞的脸,有着周星驰在电影里的招牌声音,只要有一颗向往幽默生活的心。没有天生的幽默感,也可以后天一点点地锻炼出来。

一要正面思考。如果我们去观察那些充满幽默感的人,就会发现几乎没有一个人的字典里充斥着焦虑、沮丧、痛苦等负面情绪,因为对他们来说,暂时性的问题只不过因为走到了某个岔道口,充其量是多绕几道弯的问题,还是能够到达终点的。所谓正面思考,就是先要学会从习惯思维里剔除那些负面的语句,然后将关注的焦点放在自己想要的东西,而不是不希望发生的事情上。有个简单的方式能测试你是否具有幽默思维的潜质。当你的电脑突然死机,你希望能把它修好,会怎么祈祷?天,但愿这台破电脑不要再失灵了!或是——我想它应该很快就能正常运作了吧!看吧,后者关注的是有效的结果,而前者的抱怨,对电脑变成什么样才能让它正常起来没有任何提示。

二要逆向思维。人们往往禁锢于某一个既定思维,于是经常碰到死胡同。压力和无力感就是在这个时候悄然而生,唉声叹气还来不及,哪里有精力玩幽默?那可就大错特错了,这条路不通那就走回去然后换一条路。幽默的人告诉我们,换个方式想想,就没有什么可怕的事情了。为什么喜剧电影常常令人捧腹大笑?因为演员的行为和台词,都不是按照常理出牌的,男女反串、举止乖张等等的一切,因为现实生活中不常见,于是觉得有趣。那么让我们试想一下,自己也进入这部喜剧中参与一个角色的表演,是否就不用太过计较常理的约束,可以自在地玩一把,笑一通了呢?

三要勇于自嘲。面皮太厚的人无法体会幽默,让他们笑也很难。自嘲是幽默的入门级别,没有太多技术含量,只需要把姿态放低一点,将自己的缺点或者糗事,当做故事一样和众人分享,博大家一乐。倒也不是要把自己贬得一文不值,或是刻意地丑化,毕竟过了那个度,"转型"就比较难了。自嘲,用在自己不小心犯了错的时候、众目睽睽下的尴尬中,与其去掩盖,还不如大大方方地变成笑料,给人的感觉大度而可爱。

四要善于积累。我和很多同事因为培训工作需要,经常要通过一些有趣的段子或者小故事来帮助学员理解记忆,这些一想起来就让人快乐的事物,我们把它们称为"开心金库"。无论是听到过的一个特别好笑的笑话,还是发生在自己和周围人身上令人捧腹的经历,我们将它们统统装进"开心金库",需要的时候,就从里面寻找资料。随着不断的积累,我们发觉让自己快乐是一件非常容易的事情;而能够面带微笑和别人分享心得和体会的时候,轻松的心情带动了自己的灵感,不知不觉又会创作出许多幽默的片段。甚至你会发觉,幽默也是一个有虚荣心的小孩,平时会躲起来,但是一旦面对很多人,他就希望能够用精彩的表演来赢得掌声。越是和朋友们在一起,越是能激发幽默感。当然,你要有足够的素材可供组织。这就是积累的重要性。

最后,假如你希望充满幽默感,将快乐洒满自己和别人的生活,那么请在每天睡前打开你的"开心金库",让自己带着甜美的笑意入梦,培养一颗快乐的心。

忠诚:吸引更多朋友来到自己身边

你喜欢与什么样的人做朋友?这个问题的答案可能五花八门,有人喜欢幽默风趣的,有人喜欢能帮助自己成长的,有人喜欢贴心温柔的……

但是如果我再多问一句：你的朋友这些条件都能满足，不过他会出卖你，你还会接受他吗？答案应该是斩钉截铁的：不会！是的，友情需要忠诚作为基石。

朋友是一种相当奇特的关系，不像恋爱或者婚姻还有舆论和法律进行约束，但有时候却持久得令人惊讶。是什么维系着人们忠于这样一种感情？感恩和责任，这在友情里甚至比在爱情里更重要。一段友谊的开始并不意味着你和其他的朋友要减少接触，但如果有了男女朋友，必然需要注意和异性朋友的关系，甚至要宣告一下"所有权"；如果友谊淡了甚至不再是朋友，也不算是恢复"自由身"。这样看起来，朋友真的大度得很，每个人只能有一个配偶，却可以有许多朋友，只不过因为经营人际关系的能力不同，朋友圈会有大有小。

不过先别太开心了，成为一个忠诚的朋友不一定有你想象得那么简单。你可能没有意识到，朋友之间也会"吃醋"。

这和爱情的独占欲不同，它不是要求唯一的身份，唯一的亲密，唯一的陪伴。如果说爱情对忠诚的要求是在一起的时候心无旁骛，友谊对忠诚的要求就是分享，分享心情，分享梦想，分享事业，分享活动……我们都有属于自己的秘密，但是显然，当两个朋友间的秘密越来越多而不是变少了，这份友情就要变质。

忠于自己的朋友，拥有忠诚的朋友，都是很幸福的事情，不过要继续这份情谊，我们都需要好好地经营。

朋友之间能够做到欣赏和客观，体谅和宽容，彼此都愿意让这样的关系长久，便有助于提高忠诚度。毕竟谁也不喜欢在一群朋友里是最卑微却最大度的那个，默默付出，拼命忍耐。

愿意和谁做朋友，那么对方身上一定有很讨人喜欢的地方。去欣赏一个人的优点，彼此都带点小崇拜的友情，是相当牢固的。但同时，朋友和敷衍的普通交际之间最大的差别就是能够说一些诤言实话，客观地评价，让大家都能成长，这才是最好的朋友关系。所以有人说，10年以上的好朋友，必须吵过几次架，才能维系这么好的感情。想来是有一定道理的。

既然有碰撞,就需要修复因此而产生的分歧。有时候解决问题的最好方法不是搞清楚谁是对的,而是搞清楚是不是珍惜这份友情。体谅一点,宽容一些,就能和朋友一起走得更远。

所有伟大的情感都会经历考验,以为自己会永远对友情忠诚的人,能够积极应对这些挑战,这是我们的目标,也是我们选择朋友的关键。

(1)怀疑。Zoe最不想见到的事情发生了:老板知道她和公司同事在谈恋爱,找她沟通换部门的事情。她的秘密恋爱只有闺蜜Ivy知道,所以她见到Ivy的时候总感觉对方眼神言辞闪烁,一副做了亏心事的样子。越想越像,于是她们渐渐疏远了。当对自己的朋友产生疑惑的时候,沉默和怀疑是最要不得的,把问题摊开来澄清,比憋在肚子里发霉要好得多,哪怕真的遇到了背叛或是伤害,至少明明白白让对方知道自己理亏。在这个故事里,委屈的Ivy其实什么也没有做,这段恋情的曝光是因为Zoe和男友去大溪地旅行的时候,人力资源的新总监和他们住在同一家酒店。

(2)嫉妒。能成为朋友的人,各方面情况大多都比较相似,年龄、职位、收入等等,如果其中一个突然间发达,你会有什么样的心情?大陈和小刘是发小,已经有二十年的交情了。两个人在不同的公司,一个是普通小白领,一个是部门主管,忙碌间也会抽空喝酒聊天。大陈结婚之后两个人的关系却发生了变化,因为陈太太婚后半年突然有个很好的升职机会,同时认识了业内有名的一个猎头,给大陈也推荐了某公司华东区总裁的职位。小刘看大陈从此就酸溜溜的,满心羡慕嫉妒恨。其实,假如能调整心态,有了大陈夫妻的关系,小刘的职业生涯机会只会更多。

(3)挫折。有的人在一帆风顺的时候,和朋友们都能维持很好的关系,但是一旦遭受挫折,就把自己封闭起来,既不接受别人的关心,也无法积极进行自我调整。这对于友情真的是极大的伤害。一开始朋友会觉得同情,想要给予帮助,长此以往,大家会以为他真的不过只需要自己一个人静静思考,而他又感到朋友不理解不关心。这是很可惜的误解。遭遇挫折的时候,最好的方法就是让朋友知道你需要他们,同时自己拿出态度来积极应对。

(4)争执。牙齿和舌头都会打架,朋友的意见相左太正常不过。只是有的时候聪明人对事不对人,但不太懂人际交往的人,却因为小事而失去了朋友。Ruby 第八个电话打给 Jane 的时候已经快气炸了,她发誓除非能有充分的理由,否则决不原谅对方。没想到 Jane 始终没有回复。隔了半个多月,Jane 有事情找 Ruby 帮忙,催了几次口气急了一些,Ruby 想起之前的经历,就脱口说出 Jane 实在太自私,两个人大吵一场,几乎绝交。解决这种不必要的争吵的方式,就是我们需要学会表达自己的感受,而不是轻易给出判断。如果当时 Ruby 只是告诉对方自己觉得受伤害了,而不是扣一顶"自私"的帽子,或许这段友谊还有转圜余地。

(5)困境。本是同林鸟,大难各自飞,是任何关系最毒的杀手。和朋友一起陷入困境的时候,考验友情的,依然要回到"分享"。苦难的经历也是一种财富,愿意陪你一起感受的,那是真正的朋友。Joe 和 Tony 打算出来创业的时候过得很艰难,资金链一度断裂,而 Tony 的太太更把他赶了出来。最夸张的时候,为了省钱两个人一天一共只吃一包方便面。这样的困难下,如果有一个人放弃了,不但他们的事业会就此破产,很可能两个人也会分道扬镳。好在终于顺利找到风投,还清了银行贷款之后,他们的小公司有了第一笔盈利。

这么多的故事里,我们看到了友情的可贵,也看到了经营一段人际关系真的需要很多技巧,也会面临许多问题。忠诚要求的其实不仅是向对方付出自己的诚意,更重要的是在要求自己忠于友情的同时,能做到真实面对内心的渴望和诉求。需要朋友,是因为我们呼唤温暖和关怀,是因为我们需要有同伴来一起成长,是因为我们想把快乐与人分享,痛苦有人分担。忠诚于朋友,便是忠诚于自己对爱和进步的热忱。

正因为忠诚的不离不弃如此可贵,我们需要筛选一些朋友,将这个宝贵的个性展现给他们。

对那些真正将我们视为朋友而不是利用的工具的人,我们要忠于他们对这份友情的深刻依恋。只有自己先付出了感情的人,看所有朋友时,才会先关注值得自己去关怀的,再是能够帮助自己成长的。能赢得这些人,是难能可贵的,我们必不负这样伟大的情谊。

对那些的确需要我们帮助的人,我们要忠于他们对我们的信任。请求帮助,就是在无助困难的时刻,把自己将来的命运交到某个人手里。这要多么强大的信心,才敢做这么一场赌博。试想,如果已经坐立难安进退维谷了,求助的那个人能力或者品行有一丝不可靠,也许就要让自己跌入更大的深渊。因此,求助的背后是对方交给我们的信心,甚至是整个人生。对这一份沉甸甸的礼物,定要好好对待。

对于那些重视承诺并且严格履行的人,我们要忠于他们这种自律的情操。用承诺维系人际关系是相当庄严的,或许少了温情脉脉的感觉,却添了一份力量。当别人愿意向我们作出承诺并且努力实现的时候,无疑将我们放在了极其重要的地位,我们怎能愧对这种荣耀?

忠诚是一种美德,我们要将它变成自己的一种个性特点,如此,才能在朋友圈中增加自己的分量,才能吸引更多真诚的朋友来到身边。

勇敢:有了信念便没有人能打倒你

儿时,一帮小朋友跑到瓜农的田里偷西瓜,必然有个孩子王做主导;成年了,找工作、追女朋友有这样那样的担心,必定有个死党在背后鼓励;老了,诸多病痛缠身,觉得自己也许挨不过某个年头,依然有个人让你觉得应该和命运抗争。这种力量叫做勇敢,它或许来自某个特别具有号召力的人,或许就潜藏在你的内心。无论是自己还是朋友,具备了勇气,你们共同的成长就会变得更加容易。

人们总是喜欢纠结,或许是因为现在的生活过得不错,作新的决定的时候开始顾虑,到底是会让自己过得更好,还是会失掉如今拥有的一切。然而就是在踌躇之间,机遇一点点流失。成功者总是有这样的朋友,要么给他勇气,要么给他打气。

勇敢可不是盲目往前冲。有些倒霉的家伙,因为交了些损友,莫名其妙就信心满满,做投资玩创业结果血本无归,和老板叫嚣,与老婆叫板,结果家无宁日。我们所说的勇敢,是这样一种特质,它建立在理性的分析上,像博弈一样相对科学,明白了风险和机遇的比例之后,再听从内心的声音。这样的感性,即便有冲动,也是在充分的准备下带着盾牌和长矛,迎向扑面的狂风骤雨、高手强敌。

勇敢是知道什么时候坚持什么时候放弃。这是我们首先要澄清的一个问题。勇者最震撼我们的是气度,接受和舍得是这其中最核心的内容。大多人会期待谁作出一个决定之后,无论遇到什么样的问题,都一如既往地顶住,死也不放手。但往往很多事情会在做了一半的时候就被证明,这样的选择显然走入了误区,是个不正确的方向。这时,继续完成它,我们要作好的准备是接受失败,这固然是很坚强的意志,不过会有很多人为你叫好,因为你满足了大家的期望。但是如果放弃它,就是要向所有人承认自己的错误,同时还要面对接下来失去方向的迷惘、众人的质疑和嘲弄……这种选择最伟大的地方在于,纠缠在错误上,浪费了时间和精力,挥霍了感情和信念,适时的放弃其实将所有人从无意义的虚耗中解救出来,却不一定能有人领情。能够独自承受误解和失败,比有人陪伴一起探索更需要勇气。

我们能看到一些恋人面对支离破碎的感情仍然死不放手,他们不是不怕痛,而是抓着对方和自己一起痛苦,仿佛自己的痛苦就减少了;却唯独不敢面对切断这种关联的割裂之疼,更不能承受的是承认自己应该面对曾经的错误,仿佛只要抵死不认纠缠下去,就能够掩盖已然失败的事实。这种戴着勇敢面具的懦弱,不是我们想要的真正勇气。

勇敢具有弹力,落至谷底也有信心攀上顶峰。欢乐谷有很多项目看似恐怖,但仍有数之不尽的人跃跃欲试,究其原因,表面上看是寻求刺激,更深层的是一种证明自己勇敢的方式——享受一个极限起落的过程,挑战心脏的承受能力,在实际生活中也许不会有那么多机会让我们去感受。是的,大多数人的生活平淡宁静,人们在电影和小说中追寻英雄,因为他们的生活看起来跌宕起伏,一时在人生巅峰,忽儿又跌至无尽深渊。当看到这样的故事,似乎连心跳和呼吸都和主角一样,充满了令人兴奋的元素。

现实的生活的确没有那么刺激,可这并不影响我们证明自己的勇气。事实上,人生一帆风顺的人几乎没有,谁都曾经失意过,谁也都有机会跃升高位。怕的是,居高位时有高处不胜寒的恐惧,跌落时觉得自由落体的速度会带来硬生生的疼痛。其实,恐惧源于未知。没有到顶峰俯瞰的人,没有坐在地上仰望的人,都无法想象那种感觉——其实真的不过如此,只不过换了个位置而已。这种平和的心境就是勇气。而勇气是怎么来的?回忆起儿时怕黑的经历,能握着妈妈温柔的手,顿觉夜也没有那么恐怖了。勇气的来源是一个温暖的安抚,它来自于你所有最亲密的人,更来自于你自己心底。

勇敢是该坚强的时候刚毅,该感性的时候痛哭。我知道很多人能忍住疼,但实在忍不住痒,刀枪入肉也不能使之屈服的时候,一根指头轻轻滑过皮肤却是一种难以忍受的折磨。勇敢这件事情其实是刚柔并济的,坚强好比在有伤口的时候清洗消毒,等待结痂愈合,是赤裸裸放在外头的勇气;柔情好比眼睛里进了沙,看不见的疼痛,要用眼泪清洗才行。硬邦邦的状态是很容易维持的,人麻木之后自然会僵硬,一开始时是撕心裂肺的疼,习惯了也就罢了。最难的是展示柔弱,许多人不敢表示温柔,像是穿久了盔甲以后,肉体一丁点儿的抵抗力都不见了。其实感性和温柔又有何不勇敢了? 看看母亲为了自己的孩子,柔情似水也能有海洋般的力量;想想恋人为了捍卫爱情,委屈万分也要含泪而笑。水滴石穿,所谓的力量不是我们表面看到的那个样子。

忍受痛苦,同时也要敢于示弱。人生最大的挑战在于我们所走的路不是一路披荆斩棘的硬碰硬,当遇到沼泽的温柔陷阱时,武器反而是累赘。让别人看到自己的温柔和感性,其勇敢的地方在于将心敞开,审视它的跃动,感受它的悲喜。有时候,面对真实的自我,是所有人对勇气最大的挑战。

勇敢是适应得了高朋满座,也忍受得了孤独一人。有人怕一个人,有人怕噪声;有人怕清冷会寒意刺骨,有人怕热闹会炙烧皮肤。我们总有些恐惧要去面对,最深的恐惧来源于将已经习惯的事物从生活中抽离,继之而来的是翻天覆地的变化。怕孤独的人是因为常有人可以依赖,习惯于靠别人给自己温暖和力量,内心的坚韧就逐渐失去了锻炼,一旦落单便没有安全感。厌烦人群则是因为内心潜藏着太多秘密,对人不敢信任,宁肯独自一人扛着所有的情绪和压力,也不敢让其他人参与到自己的生命中。所有的选择都可能面临风险,勇敢的意义在于面对现实不断地调整策略,作出最合适的选择,而不是躲开一切风险,使自己的世界越来越小。

　　勇敢是内化的力量,它让人有足够的能力去面对哪怕是未知的外界,它激发你的灵感,提升你的智慧,放大你的魅力……俗话说"世上无难事,只怕有心人",心中拥有勇气,便是有了一个极大的能量源,从中不断地发出力量帮助你克服面前的难关。或许我们可以这样去理解勇敢:它是一种坚定的信念——相信自己所作的决定,并愿意承受它即将带来的一切后果。

　　人生有很多遗憾是因为担心,而所担心的一切往往不是事实,而是被自己夸大了的想象。在我们的联想中,自己所希望的东西有时会夸张得如同童话般美好,所以常需要人泼冷水说声"醒醒吧";自己所担忧的事物就好比黑暗的影子,一下子被拉得又大又长,几倍于我们的身体,仿佛分秒间我们就变得渺小了。

　　活在当下,听从内心真实的声音,放弃没有意义的想象。勇气是每个人与生俱来的特质,只不过被太多东西掩盖了之后,只有为数不多的人还能将它从角落里翻找出来。不如试试用渴望来呼唤它。勇气就好像磁铁的两极,最强烈的念想必定维系着最坚实的勇气。

　　如果你觉得自己的信念还不够强大,就如同一根再坚实的金属筷子也无法稳稳当当站立于地面,那么就去结交勇敢的朋友。勇气就像是磁场,汇聚得越多,能量就会呈几何倍数增加。我们在这里讲勇敢,不是一个闯关游戏,好像勇气点数冲到多少指标就有多少成就感似的。我们还是要凭借勇气,去实现应当拥有的更好的生活。"我是一个勇敢的人",这叫对自己有要求;"我有一群充满勇气的朋友",这更值得大家好好去追求。

善良：力量强大的磁铁

我们在各种人际关系中游走，我们结交不一样的朋友，我们也不断思索自己到底要具备什么样的个性才能吸引更多人。如果没有鲜亮的外表，我们可以用幽默的言语打动人；如果没有智慧的头脑，我们可以拿跃动的活力感染人；如果没有强大的气场，我们可以用细心的关怀温暖人……如果什么都没有，就请你保持一颗善良的心吧。

有人质疑，在现在这个充斥着各种诱惑、人心越来越自私的社会里，做一个善良的人是不是反而会让自己陷入被人愚弄的局面。那么我要纠正你这样不必要的担心了，善良是一种基本工具，仅仅依靠它本身是不会产生任何实际用途的。就好比我们学习了一门外语，除此之外没有文学常识，不知数学公式，基本方位不明，人情冷暖不分，那么这门外语说得再溜口，也很难派上用场。善良也是如此，它的特点在于极大的磁性，能够将很多特质与它组合，然后你就发觉，神奇的化学反应发生了……

运用这个奇妙的工具之前，我希望你能明白，善良不是愚昧的妥协，而是智慧的引导。有很多人会误以为善良就是无条件牺牲自己去成全别人。我想告诉你的是，真正懂得善良的人，不会希望产生任何伤害，包括伤害自己。所以，拥有善意是基于爱，让自己和他人都生活得更好。

现在就让我们瞧一瞧，当善良的人具备了各种能力，他将会创造出多么令人惊叹的结果。

（1）善良＋创意。当火药被发明出来以后，你的第一反应是它能用来干什么？浪漫的人觉得可以制成绚烂的烟花，勤恳的人想要用它来开采矿山，而好战的人则将它用于轰炸敌人。想象力和创意使我们的生活不断地发生变化，只不过善良控制了它变化的方向。所幸这个世界上善良是主流，于是出现了如此丰富的发明，让人们可以过得更加精彩和便捷。

很多人对善良的第一印象就是单纯好骗的呆样，现在看来绝非如此。

一个心存善意同时又充满想象力的人,该是多么讨人喜欢!当朋友伤心难过的时候,大家都在心疼,可是几乎都只是简单地安慰一下,他却能够用充满惊喜的小手段让人破涕为笑。说到义卖义捐,人们或者是直接捐钱,或者把家里的衣物书本各种小玩意拿出来奉献,他倒有意思地"拍卖"自己的一个小时,可以帮任何人做合理合法的事情,然后将酬劳捐献,绝对不会发生捉襟见肘的尴尬(假如年年捐月月捐,还真的挺让人受不了)。

我们一直说生活的美好源自于自己和身边的人都过得快乐和满足,拥有一颗美好的心,还有不断能闪现灵感的头脑,有这样的朋友何愁生活无趣呢?要么找一个这样的朋友,要么让自己变成这样。

(2)善良+财富。近两年的彩票大奖不断牵动人们的神经,百万已经算不得什么天文数字,上亿的巨奖都出现了好几个。这样的现象使我们在茶余饭后的白日梦里经常会互相问这样一个问题:假如有一天你发财了,有了千万亿万,你会干些什么?有人开始幻想巨额支票交到手里的感觉,甚至连戴什么样的面具去领奖都已经开始设计,然后是买什么车,在哪里购置物业,是不是开个小店,要不要环球旅行,或者投资钱生钱……突然间发现,原来所谓的大奖,钱也不一定够用。想象和实际的差别就在于,它是检验我们潜意识里的欲望的最简单的方式。真正中了大奖的人总会马上捐出一笔钱来,真是因为他们想要致力于慈善事业么?或许除了他们自己,没人能知道真正的答案。太多的舆论关注,以及类似天降横财须散财的诸多神秘的说法,让善良不善良的人都好像成了慈善家一样,甚至"被捐款"的笑容背后有血淋淋的肉痛,人们反正也看不出来。但是,只有在想象的时候就已经开始为别人考虑,才是真的心怀善意,想要用自己的财富帮助他人也改善生活。不论外界如何评价,那些自己过得很普通,却用大量财富资助失学儿童、扶助贫困老人的人,我们愿意相信,他们都是因为心里有一个声音在呼唤,那就是——善良。

(3)善良+感性。假如我们把人分为感性和理性两种的话,当善良落在第一种人群中,会产生一种温情脉脉的感觉来;更伟大的是,它可能会诞生出充满感染力的艺术。

不如这样设想一下：我们身边的朋友一个个都是特别精于推理和计算，他们保证你的生活几乎不出差错，所有的一切能够推断甚至预测，你会喜欢这样的生活吗？我想大多数人都会崩溃。因为理性虽然是一种良好的思维习惯，但是它毕竟无法帮我们去体验生活中的种种。快乐与悲伤是无法量化的，爱情和友谊是不能计算的。或者我们可以这样讲，当你看到一个人的善良，你是用感觉在体会他，对方是用心灵在感染你。这和艺术最贴近的地方，就是都是用无法具体描述的方式，来让人感受爱和美的力量。

当然我们能成为伟大艺术家的概率不是那么大，可这并不影响大家去发掘和欣赏身边点滴的美。罗丹的名言"世界上欠缺的不是美，而是发现美的眼睛"告诉我们，知名艺术家和普通人欣赏的，都是从各种角度看上去的美。当我们的内心怀有善意的时候，眼睛便更有光芒。你觉得拾荒老人丢给流浪狗一块骨头是美，你看见年轻的情侣轻吻的侧影是美，你洗着孩子贪玩弄脏的衣服觉得美，你摸着父母脸上的皱纹感到美……善良就是，因为你是美的，所以照亮的世界也就美了起来。

(4)善良＋快乐。快乐到底是一件容易的事情，还是真如有人感觉到的那么难？想知道如何获得快乐，就要明白人们什么时候会觉得快乐。工作应该是什么样，朋友应该是什么样，收入应该是什么样，家人应该是什么样，房子应该是什么样……我们无法罗列出一个检测快乐的标准。正如那档广受争议的节目《你幸福吗》，每个人都有自己的一个世界，衡量快乐幸福，丝毫没有参照物。

但是多半善良的人都过得比较快乐，因为他们的心里怀着美好的情感，懂得感恩，容易知足。假使真有上天，它一定愿意把最好的东西赐予那些懂得欣赏的人，自己会从生活中发现快乐，就能愈加快乐。

或许我们会看到有些人因为善良和单纯而被利用被欺骗，背着黑锅，人财两失，陷入困境，于是真的就要质疑，是不是善良的人反而没恶人过得好？但是还是那句谚语："塞翁失马，焉知非福？"我们看到的永远是一部分的现实,而那个完整的故事,只有当事人最清楚。善意,让人们哪怕遇到一时的不如意,也依然是块强大的磁铁,会源源不断地吸引正面的人和事来到身边,最终带给他们更好的一切。正如那个动人的故事,小猪妈妈说快乐就是身后的尾巴,小猪因为怎么也抓不住它而难过。但是,只要一直往前走,快乐会永远跟随着。善良的心里盛满幸福,虽然看不见,却和我们的生命维系着,只要我们呼吸,空气里就都是快乐。

(5)善良+智慧。该怎样去定义一个伟大的人?他有丰功伟绩,他受众人景仰。不是谁都有这样的机遇,即便遇上也不一定有那样的能力。我一直认为伟大的基础是足够的智慧,要有异于常人的头脑,但可能更关键的,是要有一颗善良的、为更多人谋福祉的心。心念的方向,决定了思考的角度,这就是为什么希特勒不如华盛顿伟大的原因。所以,善良不是小人物可怜卑微的个性,而是真正铸造伟大的基石。

善良有着神奇的力量,那些看似怀着恶意的家伙们,当面对一颗善良的心,虽然表面依然凶神恶煞,耍尽手段,但是依然逃脱不了内心的煎熬和谴责。善意总是能包容和化解丑恶的心态,清澈纯净的水看似会被漆黑的墨迹污染,但是当几滴墨迹坠入江海般宽广的清水里,那黑色也会慢慢散开直至消失。善良是一种包容,虽轻柔却敌过千钧的力量。

如今有个词"治愈系"很流行,净化、温暖的感觉,就是善良的能量在一点点散开。我们不妨想象当被这样的感觉包围之后,善良这个特质便会被复制,然后像多米诺骨牌一样延展开来,成为一个极其强大的气场。一个人只要敢于先用善意对待他人,便成了一个吸引力巨大的磁铁,他身边围绕的都是友好的人,彼此和谐相处,真是什么伤痛都被治愈了。有朋友,有温暖,有力量,有各种美好品质,我们还有什么是做不到的呢?

天真:学习那些纯粹的梦想

猫叔、俊介、兔斯基、阿狸……这些可爱的动物动画如此流行,以至于大家都有这样的感慨:人类已经无法阻止这个卖萌的世界了!

从什么时候开始,大人小孩都开始对那些可爱的、天然呆的事物报以如此大的热情,有些萌物甚至给人的感觉是"心都要化了"。其实卖萌的回归流行,意料之中同时也让人欷歔,因为我们的世界居然这么久都没有因为那些天真纯粹的事物而心动了。何必等这些萌宠界的明星盛行才发现自己的心还柔软着?孩童柔嫩的小手和奶声奶气的语调,小动物可爱的形象和出人意表的举动,一直都能让我们觉得顿时温柔起来。人们在面对那些感觉无害的人和事的时候才会不设防,就好像只有最好的朋友才知道我们有时候像个疯子。

　　有趣的是,一些本来娇小柔弱的女孩子,照顾起宠物来俨然一副母亲的劲头,充满关怀和保护的力量。所以我一直在想,那些"萌"到我们的表情和眼神里,一定有一种神奇的动力,让人突然间就强大起来。而这种动力,应该是天真的梦想。

　　什么是天真的梦想?它到底有多大的能量?请你回想一下所有你能想得到的名人和伟人,他们现在的成就,当年是不是在你和你的同龄人的梦想中出现过?成为外交家,当赚很多很多钱的企业家,做杰出的舞蹈家,拥有自己的工作室……但是当这些孩子都长大了以后,坚持梦想的人却像被漏斗滤过一样所剩无几。所以,最重要的品质便是孩子一样的天真,它不但让你更加可爱,赢得更多人的喜欢,还会令你与梦想更近。

　　用孩子的心体验这个世界,其实很简单——

　　(1)学习他们总是能发现有趣的事物,而不是感觉生活怎么如此枯燥和无聊。看蚂蚁搬家会觉得新奇,望着天上的云能想象出各种形状,一两个词就能启发想象力演变成一个故事。这样的能力对于成年人来说,已经退化得近乎全无,于是不但我们自己觉得生活是乏味的,连看身边的人,也有了诸多挑剔,找不出什么感兴趣的地方。交朋友,从应该是心灵相通的感觉,变成了没有感觉,只能以功利性去衡量是不是应该结交。这是相当可悲的。朋友首先是拿出真心去对待,然后在交流中彼此增添感情,互相帮助从而共同成长,这是我在整本书里一直都强调的。看来,还是孩子们交朋友更简单直接一些。小明和小磊是好朋友,为什么呢?因为我喜欢他啊,因为他篮球打得好,因为他成绩好,因为我们是同桌……

看,只要你愿意,总是能找到别人的闪光点。我们看人,不是挑选商品要无缺陷,只要是有值得称许的优点,就是能让我们学习和成长的榜样。

(2)学习他们快速的自我调整能力,即便有什么伤心难过,也能很快找到理由让自己一下子开心起来。孩子的内心都是很强大的,他们的快乐与否,真的可能就是活在当下最好的体现,上一秒因为成绩不好被爸爸打屁股哭得稀里哗啦,下一秒就可以因为妈妈拿来的一个冰淇淋破涕为笑。其实真是如此,所有伤心的事情过去就过去了,可我们习惯于纠结在那种痛苦中,将无数个原本可以接受新情绪的时间,沉溺在以前的不如意中,白白浪费了能够重新感到快乐的机会。天真的人会比较容易幸福,是因为他们的思维简单而直接,专注于眼前的事物,寻找着快乐的点滴。哪怕这个当下也是不怎么令人喜悦的,他们会告诉自己,睡一觉,明天就又是开心的一天了。天真的梦想,是为自己创造一个幸福的世界,任凭外界雨打风吹,坚强的内心能让这里清澈晴朗。

(3)学习他们容易满足,而后能收获更多奖励。偶尔回想起儿时和大人们"讨价还价"的经历,会觉得特别有意思。考了满分,一本正经地思考到底是要一块蜂蜜巧克力,还是一个洋娃娃,或者一顿肯德基也不错。当手里有了吃的玩的东西,哪怕是个小玩意,也能开心得好几天都念念不忘。现在,我们却因为年终奖只发了两三万而觉得不公平,原因是看到有人的数额比我们的多了个零。当然孩子也会有攀比有嫉妒,但是抚慰他们的心简单得多,至少他们很清楚自己要什么,所以一旦满足就能快乐。可惜成年人多活了这么几十年,却越来越不知道自己的需求,欲望无穷无尽,幸福感越来越少。有个"笨孩子"的故事可能揭示了其中的真理:有个笨小孩,大人给他一张5块的和一张10块的,他永远都只拿5块的那张。所有的人实验下来果真如此,大家都笑他笨。可是他清楚地知道,如果他一开始就拿10块,那么再也没有人会给他钱了。知足,是福。

(4)学习他们有着无穷的精力,劳逸结合,恢复迅速。假如我们作一个调查,你从上床到入睡大概需要多少时间,回答10分钟之内就能入睡的人应该不足半数。现在白领的休息状况就是,想睡的时候睡不着,该工作的时候却没有精力。晚睡强迫症、手机控、追无聊的肥皂剧……明明知道不应该浪费时间在没有意义的事情上,却依然机械地重复着游戏或者连续剧。而我们如何教育孩子?把作业做完就让你看动画片!于是孩子们在半个小时之内就能高效地完成任务(排除学校过分地布置超负荷的作业这种"另类"情况),继而享受他们的娱乐时间。当玩得累了,不到三分钟他们又可以沉沉地睡着,脸上还挂着游戏后满足的微笑。何必在忙碌的时候想着玩耍呢,做不好,也玩不痛快。孩子是最好的时间管理大师,他们教会我们,时间最公平,浪费得多了,享受快乐的时间就少了。

(5)学习他们会直接说出要或不要,而不是在内心纠结挣扎。我们的脸皮怎么越来越薄了?小时候喜欢某个玩具,觍着脸哪怕又哭又闹,也会和大人说,我要买这个,我就要!20年、30年以后,我们看着自己垂涎三尺的职位、奖励、休假……却死死不肯说出口。你可以找理由:孩子是被宽容的,我们不能不懂事。但是想一想,即便你懂得技巧,拿捏分寸,并不过分地要求某些事物,最终没有开口,是你觉得不该呢,还是因为不敢呢?我们已经变得脆弱不堪,太怕被拒绝,太怕各种只存在于自己想象中的别人对我们的评价。更关键的是,如果没有得到想要的,我们还无法释怀。如果我表现好,而这个东西又不是很贵,那爸爸妈妈就可以买给我。这样简单的思维,又有何难呢?

(6)学习他们的诚实,即便撒个小谎也不是为了伤害别人。可能没有谁一生之中不曾说过谎话,有太多原因促使我们说谎,比如担心受罚、隐瞒令人伤心的真相、让自己的心理得到安慰……可是一开始的自我保护却有时演变成对别人的中伤,这样自私的行为,绝不该是我们人际交往的初衷。华盛顿砍樱桃树的小故事大家应该都耳熟能详,孩子的诚实出于他们内心简单但是有无比力量的认知,即便犯错,这也是一个事实。没有太多的担心,反而能因为诚实而及时阻止错误的蔓延,甚至赢得别人的尊重。天真绝不是愚蠢,而是弥足珍贵的勇气和信念。

(7)学习他们认真地对待每一件事情,以及对承诺几近庄严的重视。我依然记得小时候的一件经历。有一个很要好的同学快过生日了,她说那天爸爸妈妈答应帮她办一个聚会,请同学过去玩。于是她生日那天我早早地准备了礼物到她家,可是她家里却没有人。我在她家门口等了一个多小时,最后才很难过地回家了(那时没有手机,敲门不应又不方便回家打电话,只能等)。结果被妈妈骂了一顿,说别人随口讲的话不能信。我一直没有和这位同学去确认当时失约的原因,因为那时的我坚信是她爸爸妈妈骗了她。这是孩子才会有的宽容和坚持,也是我从小到大一直很重视承诺的关键。小孩子拉钩钩就决定了的事情,在大人看来或许幼稚可笑,但是对他们来说,却是必须实现的承诺。如今如果谁还能坚守着对承诺的重视,他在人脉圈里的地位一定大不一样。

(8)学习他们将梦想看得无比珍贵,从来不轻言放弃。孩子们最喜欢读的就是童话故事,而现在我们总是劝人家别活在童话里。是的,或许现实绝对不像童话那样美丽斑斓,我们需要分析是非黑白,没有仙女总会在艰难的时候出现帮助我们攻克难关,靠的是我们自己。但是童话里最可贵的不是如梦如幻的王子公主,而是不论遭遇何等的不幸,主角们心中永远不会放弃梦想。这是天真的人才会有的纯粹的执着。有这样的坚持,哪怕没有仙女没有巫术,也能让人有着足够的信心去打倒一切障碍,赢得属于自己的胜利。

天真是摒弃杂念的纯粹的积极向上,梦想是不怕困境的终极成就,假如我们都拥有这些天真的梦想,那该是多么幸福的一群朋友!

淡然是人际交往中最安全的保护色

控制情绪：成熟不是没情绪，而是能快速恢复平静

之前的章节里，我们谈到了孩子般天真的心情，那是一种很美好的感觉。如果说成年人的世界和孩子的相比少了很多乐趣的话，那么我们至少多了一种能力，便是自我控制。运用好它，不但我们能继续拥有纯粹的喜悦和梦想，还将在人际交往中走得更好更远。

社交场合和私人空间对情绪管理的最大区别就是，前者要求你的气场频率和大家的不要有太多的出入。有些人气场强，有些人气场弱，但是契合的气场都有一个相似的频率，绝对不是夸张的表演，而是淡然的喜悦。我们希望看到这样一个你——淡定，积极，并且轻松自如。

淡定是一个很好的起始状态，亲切的微笑，平静的心情，好像不太会走路的孩童起步时必须先站稳。如果不是修炼到极致的情绪管理高手，淡定就是最好的常态。

积极不但在社交时候很重要，它其实是一个让自己和身边的人都很舒服的感觉，心情是轻盈向上的，嘴角是微微上扬的，好像微风吹起头发，可以舞蹈起来的姿态。

轻松自如要的是面对他人时无论是否熟悉都能克服紧张情绪,聊聊天,点头微笑,好像你们正在谈论一个非常有意思的话题那样。

能做到这些的话,你在人际交往方面已经显得相当成熟了。当然,我们不排除有时候你真的没有办法做到这么好——因为有很多事让你的情绪很激动,你甚至想要大喊大叫,想要跳脚,只是忍耐着没有发泄出来而已。没关系,没有人会强求一个内心极度不平静的人脸上还带着宁静如水的面具,毕竟我们都是有血有肉的人,朋友间也都可以相互体谅,但是请记住这样的宗旨:社交场合的情绪管理极限是,别在人前显露狂悲狂喜。

我们当然接受别人的各种情绪,这样的朋友很真实。年会尾牙上中了大奖,一部帕萨特直接开回家,自然会开心得叫出来;会议开到一半,短信上说宝宝突然发高烧在送往医院的路上,也会让你本来带着得体笑容的脸突然一沉。这个时候,是否能快速调整,便是能否赢得别人对你很高评价的关键了。我们应当发泄情绪,也有各种渠道,但显然不是将它发泄在你身边的人身上,尤其是他们不一定是你最亲密的人的时候。

这种调整不需要你瞬间回到最棒的状态,我们只是希望你在三五分钟里,能够稍稍平静下来就可以。方法很简单,只要三步:

第一,深呼吸。按照这样的节奏——默数 6 秒均匀地吸满一口气,再用 9 秒的时间均匀地把气完全吐出来。重复 5 次。

第二,想象让你放松的事物。注意,要想的是静态的事物,很令人放松的画面,而不是去回想那些让你兴奋快乐的场景,因为我们现在要的是平静。蓝天白云、平静海面、宽阔草原都不错,最好是连呼吸的时候都觉得空气是使人暖洋洋地放松身心般香甜。

第三,试着转移你的心情。让我们来假设情绪是一条线,一头向另一头逐渐变细。最粗的地方就是最激动紧张的心情,试着想象线上有一个小挂坠,它慢慢地从粗的那一头滑向细的那一头,一点一点地过去。假如能完全滑到另一头,那么你的心情转移就很完美地完成了。

会有一些朋友觉得,情绪在人际交往中是个可怕的小家伙,冷不丁冒出来一下,可能就会把好端端的事情搞砸,于是努力地学习很多情绪管理的课程。但是我想要告诉你的是,没有必要去压抑你的情绪,真实而平和地使用它们,甚至还能帮助你提升人际关系呢。不信我们试试?

1. 喜:打造积极气场

喜悦是这样一种情绪,它明快、富有跳跃性,仿佛露珠从新鲜的树叶上滑下,然后跌落在另一片树叶上又弹起。当一个人处在这样的情绪里时,他周身就像是有一群百灵鸟在歌唱般充满积极的能量。这种气场的传递性很强,一丝丝触电似的微颤,一点一点地蔓延开来。

积极能量好比阳光,能驱除人们心中的阴霾。接近这样的人,就会不知不觉感染到这种灵动的心情,让自己也能活泼起来。所以当你感到喜悦时,就是带动你的朋友进入一个积极的、充满希望的气场的时刻。这是一种发自内心的感觉,可能只有你才明白这种心情,甚至不知道原因,无法形容。是的,它只是摸不着的气场,但就是有着神奇的感染力。一个喜悦的人如何把这种美好的情绪带给身边的朋友,让他们也积极起来呢?首先是用你明亮的眼神、灵动的表情。要给人这种感觉,他们看到你开心地笑,眼角眉梢都快把喜悦溢出来了,这时他们会好奇:你到底为什么这么开心啊?当关注点放在开心的事情和原因上,就逐渐进入了积极的思维方式。他们会联想到能让自己喜悦的事物,带入喜悦的心情。接着,你可以适当地提升自己说话的声调,增加节奏感。OK,这个时候你们就像在弹奏一曲明快的旋律一样,让积极能量跃动起来了。

2. 怒:适度提出要求

愤怒的情绪谁都有过,可是一般都不太记得那时候的自己到底是一个什么样的状态。生气的时候,人的智商为零,这种说法还是有一些道理的。幸好如此,愤怒只是某一个时间里思维脱线,变成一个简直不像自己的人。否则我们一定不喜欢那个自己,表情可憎、语无伦次、污言秽语、歇斯底里……

其实愤怒不是一种过分的情绪,过分的多半是人们将它不加控制地发泄。不被控制的愤怒，会带来尖酸刻薄的语言，恨不得将对方贬低得卑微肮脏入尘土被践踏；甚而会伴随着动作上的暴力，破坏东西；更甚者会对人的身体造成伤害。那几秒钟的冲动，可能用百倍万倍的时间都无法弥补。可以说，不恰当的愤怒于己于人都是有百害而无一利，我们一定要管理好自己这方面的情绪。

"但是对方太可恶，我不得不感到气愤。"我们完全理解你的这种心情，也先不去讨论是不是需要换位思考研究谁对谁错。对某人感到愤怒的同时，其实是伴随着对他的要求的，只是很多情况下我们发泄了怨气却没有提出要求。所以，与其破口大骂、拳脚相加，不如直截了当告诉对方：你最好这样这样做，否则后果很严重！！

3. 哀：营造亏欠心理

估计有一大半的男士受不了女孩子在他们面前哭。哪怕是自己在理，如果对方苦着张脸，眼睛眨巴眨巴地挤出几滴泪，顿时觉得好像的确是自己过分了一样。所以"好男不和女斗"，因为女生太善于使用哀兵政策了。

只要不是人品太差的人，在伤心难过时，人们总是对他抱以一些同情的，而引起这种哀伤的始作俑者，在舆论或者自我的审视下，多少会产生一些亏欠心理。也就是说，我们其实赢得了一次理直气壮提出要求的机会。不过千万别这头哭得梨花带雨，还没把眼泪鼻涕擦干净，那头就开始抽泣着讨价还价讲条件，这种伎俩在人际交往中实在太低级。对亏欠心理的利用，应当是先描述出自己受到的委屈，然后欲言又止一个"但是"，最好再可怜巴巴地加上一句"人家把你当朋友，所以原谅你了"，这种欲擒故纵的效果绝对有杀伤力。如果你还是没感觉，不如找到 QQ 表情中那个代表"委屈"（低头食指点食指）的表情，感觉它给人们柔软的心带来的巨大触动吧。

然而，这种小技巧是要在偶尔真的抵不住难过的时候用上一两次，别让自己成了纠缠不休的祥林嫂，否则人们的同情最终也会成为厌烦。

4. 乐：分享愉悦感受

快乐和喜悦的不同在于，前者是通过外在的事物引发的兴奋和欢欣，不一定要一个特别强大、能自己产生幸福感的内心，也可以享受那种美好的感觉，用一个比较流行的词，"笑点"没那么高。一个小八卦、一幅四格漫画，甚至办公室里同事的一句口误，都是带来欢乐的源泉。最关键的不是内容本身，而是传递快乐的习惯。有什么好笑的、让人开心的事情，一定要和朋友们分享，好比手里有样好吃的东西，拿出来请大家一起吃，哪怕是自己爱得要死的口味，可是别人欣赏不了，对方也还是会因为这份心意而感到温暖。

不要害怕情绪，不要抗拒情绪，它让人显得真实而可爱。只不过我们要做主人而非被它控制。喜怒哀乐，人之常情，我们无法压抑也无须压抑它们，只不过要稍加控制，让这些情绪在一下子到达峰值的时候稍稍能平稳一些。过犹不及，淡然享受人生的各种心情，才是丰富多彩的生活。

前瞻意识：提前澄清信息比事后解释更能让人平和

人际关系是一门大学问，在中国尤其如此。人们做事情之前，会有很多的想法和顾虑，然后设想许多的可能，甚至细致到为整个事件的发展设计一个"剧本"。然而由于种种突发状况，它们和我们所期望的往往不总是吻合，于是，误解就在这种复杂的交际中产生。

误解的确是件令人头疼的事情，所以对症下药的前提是先来看看什么情况下人们之间会发生误会。

1. 沟通不顺畅时

不止一个电影桥段里出现过男女主角相约在某地见面，可是居然听错了（还真有那么多类似的地名，还真的就不和对方确认一下），于是各自等了许久，最终郁郁离去，觉得对方根本不爱自己，黯然分手。我们且先不去关注这样的场景是不是太过戏剧化（虽然我觉得那种标签化的某地某时某人这种看似浪漫实则危险的约会真的太折腾，但戏剧冲突就是要这种效果不是），沟通不良导致的误会，还真的有比恋情告吹严重得多的案例。

2. 信息不对等时

我是从事保险行业培训的,最憋屈的一件事情就是别人扣了一项大帽子下来——你们保险公司都是骗人的。在整个舆论的眼里,似乎保险行业的存在就是为了骗客户买保险,钱进了保险公司的口袋就别想轻易往外拿。事实上,为了金钱而出卖职业道德的人在每个行业都有,保险之所以被推到风口浪尖,除了行业本身起步晚、尚未健全,更重要的可能是因为保险条款太专业,于是投保人(买保险的人)和保险人(保险公司)之间信息严重不对等,以为可以赔的结果拿不到,以为短期能拿钱的结果是长期险……一部分人违背诚信,保险业坦率地承认这个现象,可是整个行业被打成传销一样为了欺骗而存在,就真的是大误会——怎么可能连国家都希望积极发展这样一个所谓的骗子行业呢?

3. 性格不一致时

有些人喜欢在做一件事情之前把很多细节都确定好,有些人却喜欢默默地做事情,细细地观察,这种性格上的不同导致误解很容易滋生。假如恰好这两个不同性格的人被分在同一个项目组,A 有一堆问题,比如产品的规格和型号有没有特别的要求,付款方式转账或者支票在财务流程上是不是会影响时间进度,而 B 则在肚子里列好了一个计划书,把该自己做的和需要寻求协作的事项列好,然后就一头栽进去自顾自干活儿。都是在为工作而努力,却很容易让人误会 B 可能投入得不够。

这些场景还真是不少见,不过一点儿也不可怕,因为好的人际关系不是要求我们在社交时丝毫没有误会产生,而是需要我们拥有良好的前瞻意识以减少误会,或者当误解真的发生时,能够及时、智慧地缓和激动的情绪,弱化原本会比较严重的后果。

误解有两种不同的程度,一是对事,一是对人。我们在处理人际关系的时候要警惕的是,评价一件事情做错了是就事论事的实在,但千万别轻易就指责某个人的方式、习惯、逻辑有问题,甚至直接觉得这个人选就是错误的。一旦发生了误会,不针对人的话,还有很多回旋的余地;涉及了对人自尊和感受的伤害，这样的伤痕愈合起来不是一朝一夕的，甚至有可能留下永久的疤痕。

所以，学会澄清信息是很重要的一个人际交往技能，它可以避免许多没有必要的猜忌和误会。方法很简单，虽然没有一个直接的公式，但是多数情况下，对于以下几个方面事先作澄清，效果会好过事后去解释原因。

（1）目的。到底想要干什么，这是最关键的问题。如果南辕北辙，吃力不讨好，不但自己辛苦，朋友抱怨，甚至会严重影响人们对与你合作的信心，通俗点说，别人会觉得你在忽悠他们。Sam打算搞一个交友聚会，让他的各个圈子的朋友彼此间能互相结识，扩充人脉。他的几个单身的朋友也在被邀请之列，并且在聚会中相当有收获，不但玩得很愉快，也结识了自己感觉不错的朋友，谁想竟然发现心仪的对象居然是有家室的人，于是觉得Sam对他们太不负责。如果一开始他就将聚会的性质澄清，是一个行业交流会，就不用事后追着自己的死党道歉了。

（2）方法。你想用什么方式来完成你的目标，同样是需要澄清的内容之一，这能让我们避免一些无用功。否则的话，可能你的合作伙伴忙了老半天，你发现你们居然都在做重复的工作！会议是我们再常见不过的工作组成，它的重要功能就含有厘清工作方法。因为大家的目标都明确清晰——完成领导交派的某项任务，但是如何完成却有各种可能。假使要组织一场大型的尾牙活动，节目如何安排，游戏怎么穿插，甚至细致到奖品由谁去买，网上订还是当地购买等等，这些细节搞不清楚的话，叫好又叫座的晚会就只能是空中楼阁了。这里还有一个善意的提醒：提前沟通具体方法，只是为了确保能达成目标，并不一定强求人家一定要用你喜欢的方式来进行哦。

（3）需要澄清的对象。这种概率虽然极小，却不代表不会发生——明明你是在和甲沟通，但是甲以为你在和乙讲，偏偏乙也这么认为。这么大的乌龙想象起来可能很好笑，真的发生了却有可能是让人笑不出来的大误会。某人请客，见有些人没来，就说："该来的没来。"已经来了的一些人自感不受欢迎，拂袖而去。请客者又说："不该走的走了。"于是，其他的人也都走了。这是个很古老的笑话,却是个永不过时的警示。当在场人数超过 2 的时候,"你""你们""我们"这些代词,千万要小心使用。

诚如电影《大话西游》里唐僧那句经典的废话:你不说,我们是不知道你想要什么的。我一直不是非常喜欢那些机关单位领导调调的表达方式,听起来内容很多,但操作性真的很差。"我们要把工作做好","我们要打造最优秀的团队",听起来很美,做起来很累,因为没人能说明白好和优秀到底是个什么样的状态。与人交流的时候,假如你希望能保证自己想要的结果,就必须确认对方的理解和你的期待是一致的。想要三天之内拿到报告,就别说"尽快";希望和你的团队一起拿下冠军,就别用"好成绩"这类的词句。学习不再使用那些每个人在主观理解上都可能有不同含义的模棱两可的表达方式,可能是我们澄清信息时对传统习惯最大的挑战。

当然,即便我们事前已经做过信息确认,还是可能有意外发生,导致结果不尽如人意。面对诧异和愤怒、失望和沮丧,假使我们能及时作一个事后补充的解释,至少还能起点亡羊补牢的作用。这不是在教你推卸责任,而是避免承担不必要的误解。我们需要提醒自己的是,解释不是抱怨及谎言的堆砌,好让自己不承担责任,它的重点在于,当别人将不属于我们的过失完全加诸我们身上的时候,至少我们能保护自己。

第一步确认结果与预期的差别。人的情绪非常有意思,99 分的表达——如果没有拿到 100 分,顿时就被打成和刚及格差不多的水准,而奔着满分去的期待下,得到一个刚及格的结果,自然是相当失望的。可是如果是,只差 1 分就满分了,那却是一种相当值得鼓励的感觉。所以即便没有达成目标,我们也别先急着沮丧,确认一下结果到底是不错还是很差,也许根本没有谁需要为此承担责任,甚至可以庆祝一下。业务团队经常有必达目标和期望目标,假使保证了必达目标,只不过和期望值失之交臂,作为团队队长还是要多多鼓励才能激发大家下一次更勇猛的斗志。

接着找出出现问题的环节。以积极的心态寻找问题,是为了解决已经发生的事情,避免将来可能出现的问题,所以不批评,不"算账",但也不能讳疾忌医无视出错的环节。主客观的原因，改进的可能，机遇的所在……每一个问题都处理得当，等于多了一个可能成功的经验。还是衔接上述案例，当初定的期望目标也不是拍脑袋拍出来的，而是基于所有销售人员能够达成前三个月的平均水平；结果只是其中两个人拖了大家的后腿。这样一分析，信心就重新回到了团队里。

最后描述我们的感受，并且给出一个新的承诺。犯错之后有悔意和丝毫没感觉的人，我们对他们的评价和观感一定不同，所以有时候当一件事情因为意外或者是某人的原因没有达到期望值，适时地表现出遗憾、难过或者内疚，是相当必要的。只不过，我们都是懂得"活在当下"的聪明人，纠结于过去无助于改变既成的事实，不如吃一堑长一智，从中得出一些什么，然后承诺和期待更好的将来，不是比执着在负面情绪里更有意义吗？

保护原则：与你的朋友较劲时要低调

我们都希望有个好的人脉圈，有许多优秀的伙伴。其中当然不乏一起吃喝玩乐的死党，但同时一定也有一些朋友，你正在和他们暗暗较劲。能够互相"吹捧"，能够彼此提点，能够暗地竞争，拥有这样的朋友，是相当幸福的事情。

每个人都是独一无二的，作为借鉴也好，视为榜样也好，只要用点心思，我们就能从身边的朋友身上受益匪浅。

先来学学你身上没有的那些优点。可能不同的人挑选朋友的时候喜好是不一样的，有些人喜欢比自己成熟、能干的朋友，不但可以学习，还能受到照顾和保护；也有人就是喜欢不如自己的人围在自己身边，相当有优越感。无论是出于哪一种初衷去结交朋友，一定要时刻提醒自己，你再怎么出众，他人也一定有你所不能的长处。甚至我觉得，假如一个人无法在别人身上发现闪光点，他本身的能力也不见得有多强，因为不论优缺点，自己潜意识里没有的东西，在别人那里也看不到。

接着瞧瞧他身边你"搞不定"的那些朋友。"圈子"这个词揭示了人脉有意思的地方,即便是同一个人的朋友,也有各自的小群体,围成一个封闭的圆,看起来他人很难介入。于是,你会发现哪怕是你很好的朋友,你们喜好相似,性格接近或互补,他身边的一些人对你就是不来电。虽说没有必要也不可能认识所有朋友的朋友,不过当这种现象发生时,倒是一个很好的自我审视的契机。拥有相同的朋友,却似乎彼此无法融入,到底是你们的专业和兴趣不在一个领域,还是你身上有什么毛病是他人接受不了的?不断思考,便能保持成长和进步。

你看得多了,想得多了,就会发现原来有能力的人真是不少,然后你感觉自己有了一股动力,希望能让自己变得更好。而你最好的参照对象,其实就是那些朋友们。当然,本书不是在教你厚黑学,所以你不用偷偷摸摸地让自己进步,生怕被人发现似的。我们只是希望你低调些,否则很可能你的确是更加优秀了,却发现和好友的关系维系起来却更难了。因此,在你和朋友较近时,记住以下内容。

你可以让他知道你希望获得成长,甚至超越他,但别给人感觉你将会抛弃这个朋友。

很多人最亲密的朋友是同龄人,甚至同事,于是这种较量很多见。职场是个必须不断进步的地方,为自己充电是平常事,只有为数不多的人获得升职和加薪也可以理解,甚至有时候恰恰就是朋友间竞争这个名额。或者哪怕只是个年终的绩效考核,也有合格与优秀的差别,优秀自然是努力的方向。老板不会关注谁和谁的关系比较铁,只会根据成绩或者感觉来评判,所以常常能看见,一群朋友里,某几个的职位和薪水比其他人都要好一些。但是不同的处理方式,结果是不一样的。有的人升了职加了薪,兴高采烈地请同事吃饭,大家却感觉这是一种炫耀,自此对他敬而远之;有的人只要有一点好成绩,大家都会为他高兴,甚至很期待这种情况频繁发生,就能多"敲诈"几顿大餐来享受。为什么会有这样的差别?主要看这种成就感是来自于"我"还是"我们"。将朋友圈视为一个团体,可能就比较容易理解这种感觉。如果一个人受到了表彰赢得了荣誉,然后把这份自豪带回团队,将自己看做获得奖赏的代表,和大家一起分享,这当然是一件值得开心的事情。可是有些人给人的感觉却是，他们的优秀让他们渐渐脱离了群体，于是自卑、不屑、羡慕嫉妒恨等等复杂的情绪交织在一起，人们就会选择在假想的被抛弃之前远离他们。

朋友间的竞争，好比一场小小的跑步比赛，看到有人跑在自己前面，就很有斗志要加快脚步赶上他。千万别把它变成一场残酷的"生存游戏"，只留一个人存活，你会发现自己得不偿失。

你可以比他优秀比他受欢迎，但别让人感到你得意忘形的优越感。

女孩子们的友谊相当有意思，很少有一群都是特别漂亮特别聪明的女生聚成一个小团队，多半都是很优秀的一两个人，再加上几个对她们喜欢到甚至有些崇拜的人，经常玩在一起。这种组合是不错的平衡，如果主导者懂得把握圈内人的心理的话。

因为越是出色的人自我意识越强，假如一个朋友圈统统是出类拔萃的人，那基本上是个事业团队，拼工作可以，感情的成分就淡了很多。要能交交心，谈谈小秘密的，最好还是个有点参差的组合。那些稍微弱一些的人，在这样的组合中其实是最能收益的人，比如本来没有太多机会进入高层管理者的聚会，但是因为朋友是某公司的业务总监，经常走走一些高级酒会，交换几张名片，反倒能找到很不错的工作机遇。

不过即便是对朋友的提携，方法不同，感觉迥异。"嗟来之食"是任何一个有自尊心的人都不能接受的，你的优秀在朋友眼中应当是他的幸运和自豪，你的帮助应该让他感恩而非嫉妒。

如果你觉得这个朋友很重要，那就帮助他一起成长，但是别让人觉得你嫌弃他不上进。

没有人喜欢承认自己是弱者，即使是在需求帮助的时候，也不会愿意对方以施舍般的态度对待自己。能做朋友，心理上的地位是平等的，哪怕一个是500强企业的部门经理，一个只不过是普通的在读博士生，后者在前者的公司里实习，下了班一起穿着T恤沙滩裤在阳台上喝啤酒的时候应该没有什么级别上的不同。或许你会觉得发小不该下了班就回家玩游戏，而该和你一起去进修心理学，那也千万别觉得朋友间没什么不能说，于是丢给他一句"瞧你这点儿出息,就知道玩,也不想着学点什么东西",更好的方式应该是像兄弟比赛一场游戏那样,带点儿小挑衅地向他邀约:《梦幻西游》玩得好不代表你智商就比我高,不如赌一赌谁先考过笔试?哪怕对方能看出你是刻意地照顾他的感受,以这种方式激将,他也会感激你为他着想的心情的。

  朋友之间的较劲,是互相鼓励的携手进步,也可能是不欢而散的情感隐患,所以我们一定要克服自己的嫉妒和自卑,抛掉心里的得意和说教,真心地让自己和朋友都能在这种积极的竞争中得到大收获。不是优秀的人就不会嫉妒,有时候,那些表现特别突出,在朋友圈里最抢眼的人,反而会因为孤独和压力,嫉妒他人的平淡幸福;不是能干的人就不会自卑,有些完美主义者对自己求全责备,总觉得自己身上有数不尽的缺点,反而自惭形秽,被低落的情绪吞噬了快乐。或者,我们会被太多的掌声和赞誉蒙住了双眼,忘却了朋友的支持和鼓励,一味感到自己有多优越,对默默支持自己的人却指手画脚地点评说教,硬生生将自己推开到另一个世界里,与那些最亲密的人渐行渐远。

  成长固然是重要的,但朋友也是无价之宝。人际关系的最关键因素就是让自己获得成长,但成长不是用权位和金钱衡量,而是要内心、物质、感情都能够富足。为了那一点的虚荣而失却朋友是不值得的,所以要竞争,也要情真,要较量,也要交心。低调不是为了隐瞒我们想要变得优秀的初衷,而是希望这样的一个过程不要演变为钩心斗角和自恋自大。我们看到一些人为了一路向上爬,不在乎别人的感受,眼里只有名和利,还觉得只要手中握着钱和权,不怕没有人愿意和他结交。但事实却是,失去一个朋友绝对不是最后的结果,会演变成失去将来更多可能的朋友,直至众叛亲离。

  人际关系最大的意义就在于,你以为自己已经拥有很多了,可是你的朋友们将会不断给你带来惊喜。

  请你一定要记住,你正在保护的,不是自己,而是你们的这份情谊。

合理包装：别对所有人都掏心掏肺

每一个没心没肺的人都有过一段掏心掏肺的曾经。这句话在微博上被转发无数，想来有切身体会的人还真是不少。人前嘻嘻哈哈或是表情温柔的那些人，或许心里都藏着谁都不知道的秘密。

有人感慨现在交几个知心的朋友真的不容易，大家都好像是戴着面具一样，彬彬有礼，却无法深交。其实，我们只不过都在一个合理的自我包装下，努力寻找值得我们去结交的挚友和亲密伙伴。所以"我"就穿上了两件不同的衣裳，一件叫做"真实的我"，一件叫做"真我的我"。

人们对自我的认知也是一个不断更新的过程，你可能在某一阶段发现自己都不太认识自己了。所以在人前，我们只要能做到"真实"，对那些普通的朋友不要弄虚作假地刻意欺骗，就是一种积极社交的状态。有些人说不喜欢面具，其实，职场上需要冷静、优雅、果敢、干练，密友间就该放心、放松、放肆地玩乐，面对长辈时应当礼貌、尊重……这些都是不同的社会身份的基本要求，这一刻的你和下一刻的你不一样，是非常正常的事情，毕竟每一种身份就是一种特定的约束。

还有一些时候，你发现不想扮演任何角色，只想任性些、简单些，不用太拘泥于职场的种种伦理，要骂人要抱怨都可以，丝毫不必担心自己是否得体，有没有可能失掉人家的喜欢，有没有可能被人抓住痛脚。甚至还会冒出些类似嫉妒、怨恨等"恶毒"的小情绪，仿佛心底里潜藏最深的恶魔被放了出来。这样的自己，潜意识苏醒，你能够看到自己的欲望，你知道自己最想要和最不想要的——这些却不能让他人知道。这就是你的真我，不去评判对错，不去在乎舆论与伦理，只关注心里的感受。

这就是我们最真切的状态，一半崇高伟大积极上进，一半极度自我充满私欲。虽然环境有时候会让我们注意藏好那个自私的"我"，但大多人毕竟不习惯于掩饰和伪装，心底里很多感受会叫嚣着想要发泄出来。我们需要有人倾听这些想法，我们需要有人陪伴我们一起晒晒心底各种小想法，然而不是所有对象都适合。

有个词叫"慎独"，说你要在无人监督的情况下也保持一种自律，这种境界需要修炼，让真实的我们和真我的我们渐趋一致。在这种修炼未完成之前，我们要做一件事情，便是"慎毒"——小心那些心怀恶意的毒辣之人，当我们将最真实的自己展现的时候，却变成了被人加以利用的筹码。除非你确认你的朋友不会背叛你，要不然的话，通过合理的自我包装，必要的谨慎，就能让你避免那些这一秒还是"朋友"但下一刻就变成敌人的家伙们的伤害。这种包装，是在那个真的自己外面添加一个保护套，只有用心想要了解你、愿意付出代价来关注你的人，才配看到你最精髓的体会和领悟。好比现在的图书要加一层塑封，简单了解的话只是封面上窥斑见豹的介绍，除非你肯花钱把它买回家，从头到尾好好读一遍，才知道这里面到底说了些什么。别抱怨出版社太小气，随便翻看几页就得出好与不好的结论，这是武断。而当我们碰到一些自己全心全意对待，对方却断章取义评价我们优缺点的人，是不是也应当做些什么来保护自己呢？被那些不用心的人翻看成一本破破烂烂的装订本，绝对不是一本书应当有的使命。

但我们不可能对所有人都隐藏自己，那就变成了另一个极端的自闭，同样会白白损失很多真心待自己的朋友。所以需要筛选，亲近朋友，远离不怀好意的家伙们。

1. 避开那些总想利用你的人

交朋友的确是为了互助，可这是权利、义务对等的共同成长。但有这么一拨人，打着"朋友"的旗号搜罗让自己不断获利的垫脚石，一旦达成目的就迅速闪人，丝毫没有想过要为别人做些事情，利用起朋友来心安理得。识别这样的人，看他们和你联系的频率及联系时候的切入话题。平时没个短信或者电话的，好久都没什么交集，突然间一个电话打过来或者相约见面吃饭喝茶，语气听起来却像是天天腻在一起的好朋友，那么其中有诈的可能性就很大了（不过我们会有一些死党，感情已经好到哪怕半年多不联系,也能一通电话没有寒暄直接进入正题。相信你能区分两者的差别)。对付他们,不用撕破脸皮,哼哈几句敷衍一下就好。毕竟,万一是我们多心误会,以后说不定还要重拾这份关系的。

2. 警惕那些永远空虚地赞美你的人

被人夸奖不是什么坏事,赞美你的人也不见得就是无事献殷勤,有很多人在职场里历练得养成了逢人就说好话的习惯。我们只是希望你别沉浸在被人捧得轻飘飘的状态中迷失自我。做出成就来获得别人肯定,与有事没事给几句空虚的美言,差别在于是否用心地了解你得到那些成就的过程。比如你和组员一起拿下了非常重要的项目,你的朋友知道你这三个月里睡满7小时的日子连20天都不到,了解你竟然积累了2万多的航空里程,而其他人只是客套地说一句"你实在太棒了"。后者不一定有恶意,警惕这种甜言蜜语只是为了让自己一直保持努力奋斗的状态,而不是得意忘形被人赶超。

3. 无视那些对你冷嘲热讽的人

如果一个人没有优质的武器,又想打赢装备精良的人,他们惯用的招数就是把对方的武器摧毁,而嘲讽是最不需要成本就能打击一个人的方式。在一些心理疏导的培训课程上,有很多学员给自己巨大的压力,我了解下来,他们身上并没有实质性的问题和多么严重的缺点,只不过有很多声音在耳边告诉他们"你不行"。听到这些话不是坏事,我们先看看自己是不是真的哪里出了差错;假使确定这只不过是子虚乌有的诽谤,那么对方的意图就太明显了,他们越是希望你被这种评论打倒,你就越要坚持自己的信念。永远不要轻易因为他人的吹捧而高估自己,也不要因为几句贬低就怀疑自己。最真实的你就在你心里,没有人比你更了解自己,没有人比你更有发言权。

4. 拉黑那些不止一次刻意欺骗你的人

不要不舍得,不要不忍心,刻意的欺骗是一种很严重的罪行。虽然人人都说过谎,但我们都认真考虑过这些谎言的后果——被揭穿。一次或许情有可原，我们也希望自己被原谅，但是将心比心一下，对一个人，一而再再而三地欺瞒，彼此之间又能有多少信任感？假如连基本的互相相信都没有，又如何证明是真心诚意想要做朋友？所以，当你不断欺骗一个人的时候，你已经打算离开他；反过来也是一样，对方这样对你的时候，必须果断地将其拉进黑名单。

我们竟然发现身边那些所谓的朋友原来不都是安全的……不必惊慌，你学会这些保护自己的方式，简单地包装自己，然后再慢慢观察身边是不是有人一直用心鼓励你和支持你，一直信任你，一直帮助你，把他们当成最宝贵的财富好好经营便好。

下面，让我们开始给自己"化个淡淡的妆"吧。

（1）对人作评价时略作包装。哪怕你极度讨厌一个人，也不要在人前将他说得一无是处。在职场里，社交场上，除了风花雪月的八卦，最多的话题就是对某个大家熟识的人的评头论足，你当然可以参与，可是一定要小心地察言观色。原则上，和人们一起夸奖一个人可以，和大家一起骂一个人的时候要分外当心。"不喜欢"的另一个代名词可以是"不了解"。毕竟谁都不知道身边有没有无间道。

（2）告诉别人你的目标时略作包装。声东击西是一个好方法，往往能够帮助我们获得自己想要的东西。人是很奇怪的动物，别人都不要的东西，很少人能看出它的好，一旦大家一窝蜂地去追，它就莫名其妙变成稀世奇珍了。（苹果这种街机在中国人手里被炒到高得离谱的价钱，是不是让你悟出点什么了？）所以如果你的目标被很多人盯上，可能就为自己增加了没有必要的工作量。走自己的路，让别人走其他的路。

（3）展示自己拥有的筹码时略作包装。谁在玩纸牌的时候都不会把自己的底牌亮出来，人际交往也是一个道理。被人看穿之后，很多事情会变得被动。当然有的时候我们会有些"盟友"，在你还没确定是否他会一直站在你这边的时候，可以告诉对方内容，但不要泄露数字。好比你要去竞标，价格低于200万，到底是198万还是176万，留个悬念更好。

（4）不要轻易让人知道你的恐惧和弱点。每个人都有一些"死穴"，再强大，当柔软的地方受到攻击，也会感到疼痛。你的敌人一直在寻找你最害怕的东西，而你要做的就是将这些秘密好好地保护起来。或者，你所在乎的人和事，你想要保护的东西，也全部要在虚虚实实之间，让人们摸不着头脑。或许你觉得这样实在有点累，但是当你经历了种种挑战，最终获得自己想要的那些之后，你会知道这些战术都是必要的。

下编　梳理人脉

　　上天负责发牌到每个人手里,不过能否打好这手牌,就要看每个人在面对不同的情境时,是否有足够的能力来判断,怎样调整牌面才有更大胜算。人际关系不是积累一堆朋友,定期给他们打打电话这么简单的交往,我们的精力和时间势必决定了无法对所有的人一视同仁,感性和理性也会在不同的时间告诉我们,有些人值得更好地对待,有些人只不过是泛泛之交。打造并经营一张好的人际关系网,更关键的还在于后续的保养。

下编｜梳理人脉

保持合理的距离

八分投入：做优秀的朋友而不是完美地幻想

有很多作者，呕心沥血写出一部小说并且销量很好，但是他们自己不会去读这本书；有一些演员，吃尽苦头塑造了一个经典角色然后票房大卖，但是他们自己不会去看这部电影。我们或许很难想象那种心情，多么精彩啊，为什么你竟然不愿意去看看自己创造出来的感动了那么多人的作品呢？应该是相当有成就感的呀！事实却往往并非如此。置身事外地观赏和让自己完全投入，是截然相反的两种感觉。旁观者反而更加能站在看故事的立场获得感动。感情这个东西，八分投入刚刚好，真的将身心全部栽进去，像剧中人那样历经悲欢离合，反倒没有感觉了。主角九死一生的冒险经历，在我们看来是刺激，在他们体会是恐惧。很多演员因为入戏太深，长时间沉浸于抑郁或者焦虑的状态中，绝不像我们在聚光灯下看到的那么亮丽光鲜。适当投入，获得的是难得的体会与经验；过分投入，失掉了自我，便得不偿失了。

当开始交上几个朋友，我们就要考虑一下自己对感情是不是能够做到收放自如。可能每个人心中都有知己情结,有这样一个朋友,你们彼此之间默契到只要一个眼神就知道对方想干什么,永远不会欺骗对方,永远可以为对方付出一切……不过这样的朋友可遇不可求,绝对是要靠缘分的。现实是,大多时候我们将幻想中的完美友情带到了这个没有那么完美的世界里,却发现艺术作品中朋友间的那种情谊,在自己身上似乎培养不出来。先别急着失望,我们需要的朋友不必有百分百的优秀,只要达到80分,也已经是很棒的了。而想要一个80分的优秀伙伴,我们只需将自己对这份情谊的投入控制一下,对于他,无需了解得透彻,只要你有足够的信息确认他值得结交就够了。

每个人都有自己不能碰触的领域,一些话题很敏感,一些秘密很危险。你可能听说过,如果彼此拥有共同的秘密,那么关系会很亲近。可这是一门相当玄妙的技巧,在后面的章节里我会详细和大家聊聊。当我们投入得太多,感情上就无法接受对方竟然对我们有所隐瞒。所以你必须知道你的朋友给你划了一个多大的禁区,再思量一下你们的这份情谊值得你投入多少。

太过投入的另一个后遗症就是自己和对方都太容易被解读出来。于是,我们暴露了自己,也看透了他人。彼此知道最痛的地方,便可能造成伤害。

既然不能掏心掏肺,到底怎样的投入程度,既对得起这份情谊,又是恰当实际的呢?如果我们的感情一共100分,以下5个项目是经营一份人际关系必需的投入,不同的人由于性格和偏好的差异,不太会每个项目都拿满分,也不太会每个单项都不及格,综合一下的话,大概也能得出一个相对不错的平均分了。

1. 朋友间的信任

面对一个自己时时会怀疑他的意图和能力的人,这份感情是没有办法好好继续的。如果把一个人当成朋友,至少在没有证明他不值得结交之前,一定要敢于信任对方。这时候你的信任不但会为这份友情加码,让对方感到肩上有责任,同时也是相信自己的眼光和判断。他的心理状态会在这个过程里发生非常微妙的变化:先是因为你的信任而感动,接着会为了证明你的信任而努力,将事情尽力做到最好。即便这个家伙是你看走眼的也没有什么关系,拉进黑名单就可以了。赌上一次信任,换取一个朋友的心,还是相当值得的。

2. 朋友间的关心

平时不怎么联系,但是一旦你有需要,或是伤心难过想找个人安慰一下,或是兴奋过度想找人吃喝玩乐,他就能及时出现,这样的朋友,绝对是非常够意思的。只有对我们关心的人,我们才会在意他是不是快乐,才会为了他的成就而自豪。不客气地说一句,连一点关心都不愿意付出的人,凭什么去做人家的朋友呢?没能力问题不大,不太会表达也不要紧,关心这种打心里散发出来的情感是一种温度,大家都体会得到。

3. 朋友间的真诚

这个原则非常重要,哪怕是因为一个分歧而争吵,哪怕是指出某个自己死也不愿承认的缺点,朋友之间除了心底被封存的那个小角落,其他时候应当都是敢于说真话、敢于听真话的状态。真诚不是要求大家把自己的小秘密拿出来晒,好像越是掏出点儿阴暗面,越是显得够诚意。它是一种态度,是将你当成"自己人"的放松,不必计较什么,不必防卫什么。做一个真诚的人是要冒风险的,因为你将自己看到的听到的感受到的都如实地表达,而能够给你安全感让你愿意说真话的,一定是朋友。

4. 朋友间的支持

或者他没少泼你冷水,或者他总是和你贫嘴,或者他会经常捉弄你开你玩笑——这都是在平常大家嘻嘻哈哈的时候;一旦你需要有人挺你,他二话不说把笑嘻嘻的那张脸换成一副严肃的表情,给你打气,给你出点子,恨不得能够帮你达成目标。如果你有这样的朋友,必须投桃报李。为什么商务礼仪里彼此结识要握手?因为双手相交的温度和力量能看出对方对你的重视程度。一个你重视的朋友,你会用力握住他的手,希望将你的力量和祝愿,都通过这紧紧一握,传递给他。支持就是当我有能量时输送给你,当我有资源时贡献给你,当我有灵感时分享给你。

5. 朋友间的宽容

最要好的朋友多半都吵过架,而且越吵感情越好。宽容其实是非常好的一个探测器,就是要看看这个朋友对我们有多重要,因为当我们害怕失去对方大过他们给我们造成的小小不快时,就是非常确定这是个真心相待的朋友了。宽容不是妥协,而是当我们将一段感情投入进去之后体会到了幸福,为了这种美好的感觉,过程中各种小插曲只是调剂品,那些无心之失都可以原谅,毕竟拥有这份友谊比纠结在谁对谁错上更加有意义。

这个时候你可能会想:天哪,如果我真的这样全心全意对待一个人的话,他对我也太重要了吧,重要到如果没有这个朋友,我是不是就没有这种幸福感了呢?于是你开始有点担心对他过于依赖。避免投入太深的方法是适时抽离一些不必要的情绪和错误的信念。

(1)不要把朋友当成私人所有。人是独立的个体,没有什么谁是谁的附属。那种好到像连体婴一样的亲密关系,绝对不可能是一段稳定的感情的常态。或许一开始你们相谈甚欢,仿佛时间不够用,最好24小时腻在一起。学生时代的女孩子就会有这种看起来令人称羡,久了会受不了的关系,上下学一起,吃饭做作业一起,甚至还要睡到对方家里去。但是,总有一天两个人要有自己的生活,假使放纵自己的生活里一定要有对方,失去以后你可能需要很长时间才能回到正常的状态里。"这是我的朋友"是一句完整的话,别误读为"朋友是我的"。

(2)别去嫉妒朋友的朋友。恋人间的吃醋是明目张胆的,而朋友间的小嫉妒却是隐忍在心里的难受,因为这种情绪实在没有理由。其实这可以理解为一种深刻的缺乏安全感,担心朋友可能会被"夺走",是入戏太深之后假想的受害心理。和A一起吃饭但是忘记叫上B,不一定就是因为不能带上后者,往往只不过是饭点上看到办公室里只有这个人就结伴而行,谁让那个时候B去洗手间了呢?你的朋友和其他人的关系,非但不应当是产生妒忌的来源,反而应是很好的参照物。假如你看到他对其他人都真诚友爱,只要你能确定自己是他的朋友,那么他一定也会对你这么友好。即便你们现在还不算太好的朋友,也可以通过经营来增加情谊。

(3)不能没有原则地爱屋及乌。有时候会和上述情况恰恰相反,你对朋友的朋友不是嫉妒,而是没来由地喜欢。你的评判标准可能是,我相信他选择朋友的眼光,因为我们认识那么久,我知道他认可的人一定是优秀的。这不啻为一个增加人脉的好方法,不过前提是你需要将这个朋友作为引荐人来看,而不是放开你的理性判断,直接爱屋及乌。这种判定方式是很危险的,问题不在他人的品行,而在于容易混淆区分人脉圈的标准,更影响到你对其他朋友关系的经营。

人际交往是一个不断调整自我状态的过程,随着经历、心境等的变化,我们对朋友的观感也是动态的。唯一不变的是,朋友需要不断地经营,其中就包括我们审视自己和他们是不是保持在最舒服的温度里。

六成亲密:像刺猬一样保护自己和别人

约翰尼·德普有部很经典的影片《剪刀手爱德华》,他所扮演的机器人拥有像人类一样的情感,有爱有恨,却因为残留着一双剪刀手,越是靠近心爱的人,越容易伤害到她。其中有一段爱德华的内心独白,是人际关系极好的教科书:

如果晚上月亮升起的时候,月光照到我的门口,我希望月光女神能满足我一个愿望——我想要一双人类的手。我想用我的双手把我的爱人紧紧地拥在怀中,哪怕只有一次。如果我从来没有品尝过温暖的感觉,也许我就不会这样寒冷;如果我从来没有感受过爱情的甜美,也许我就不会这样痛苦;如果我没有遇到善良的佩格,如果我从来不曾离开过我的房间,我就不会知道我原来是这样的孤独。

人们心中对情感的渴望越是强烈,面对自己在乎的人离开的时候痛苦就愈加剧烈。那些最亲密的朋友,在某个时刻看来就像是另一个自己,互相了解对方的几乎一切,当其中一个受到伤害的时候,另一个的难过不亚于承受痛苦的人。这种亲密带来的是温暖的感觉,像是紧贴皮肤般的自然舒适,所以很多人渴望在人际关系中能有几个朋友达到这样的境界。

可诚如爱德华的童话也不是美好的结局,我们不可能有分分秒秒陪伴的朋友,不可能有永不分离的相聚,太亲密了之后一旦要分开,就会有剥离骨肉般的痛苦。

不如想象一下你受伤时候盖着伤口的创可贴,在你流血疼痛的时候,保护你不受细菌的侵蚀,止血呵护。可是当伤口好了之后要揭去它的话,它却像是不肯离开的亲密朋友,扯得你丝丝地疼。

再怎么要好的朋友,影子般不舍不弃,也要保持适度的亲密就好。仿佛两只刺猬靠近取暖的时候,离得远怕冷,离得近怕疼,那么就轻轻地把身体靠在一起,看似不算亲密无间的拥抱,其实那样的温度已经足够让它们体会到彼此的心是在一起的。

你可能会觉得这样对待朋友之间的关系会显得很残忍,为什么就不能亲密无间?为什么就没有形影不离的朋友?我想告诉你的是,人际关系的经营是为了让我们在朋友圈里获得更多资源,让自己实现梦想,走向成功的路能够顺畅一些。这不是任性地喜欢不喜欢某个朋友、要不要对他好的小纠结,在社交场上,在职场中,没有谁是我们知根知底百分百无害的朋友,懂得一些小技巧,能让自己在朋友圈里相对更受欢迎,让人愿意和我们打交道,觉得帮助我们是值得的,这才叫人际关系。

和成就一样,亲密关系也最怕沉溺其中不知自拔,当习惯了那种感觉之后,便会为以往的经验所累,无法赢得更好的将来。这就好比"暖宝宝"的低温烫伤,它不是很热,温和得使你觉得长时间亲密地接触也没有关系,就在这么不知不觉之间,原本带给我们温暖的亲密朋友,却成了一个个触目惊心的水泡的肇事者。更可怕的是,它造成的皮层伤害可能比开水等烫伤的程度更深,原因就是——亲密接触得太久。

不要以为亲密必然能增进感情。成长是需要空间的,贴得太紧反而会束缚了它。你可以将这份友情视为自己心爱的小孩,在他还没有完全长成的时候,你绝对不会买紧身衣给他穿,而是衣服、鞋子都要大上一号,就是希望能够看到他快快地长,然后等到穿在身上那些衣物紧巴巴的时候,再换上更大一些的,继续等待成长带来的喜悦。

玫瑰花瓣虽娇嫩,花枝上却有尖刺;椰子果实虽白嫩,劈开椰壳却煞费气力。植物尚且懂得保护自己的内心,我们又怎能轻易用全部的身心贴紧他人?适度亲密保护的不只是自己,还有那些你想要结交的朋友。每个人都会有自己特别脆弱怕疼的地方,你以为只是轻轻用了一些力气,却很可能碰痛对方;反过来,当别人靠得太近,不小心伤到了你的痛处,又能怪谁呢?

所以,我们需要时时检验,哪怕是不错的朋友间,这样的亲密是不是太过。

人际关系是双向甚至多向的交流,独角戏是唱不久的,所以我们和朋友间的亲密程度,一定不是自己认为合适就可以;寻找大家都满意的状态,才能维持这段感情的稳定,并且在适当的时候培养它,使它变得更好。想象一下大家坐在一起聊天,谈得来的人会挪动自己的位置或是调整身体的幅度,彼此更贴近。亲密程度也可以这样来检测:假使只有我们希望向对方靠近,而对方却一直退避,可能是我们觉得还不够亲密但这已超出对方的安全范围了。这种情况下,再进一步是很危险的,就像有些恋人,本来恋爱着是好好的,很甜蜜,但是一方不停地逼婚,最后很遗憾地分了手。如果不是所有的人都准备好了的话,不要轻易增加亲密感。

有一句很煽情的话:我爱你不是因为你是谁,而是在你面前我可以是谁。拿来主义一下放到各种人际关系中都适用,一份好的感情,不是要求我们改变自己迎合对方才能够维系的。有很多人因为崇拜或者类似的感情,希望能够和某个看起来比自己优秀很多的人结交,但又没有自信,放不开自己,于是,他会伪装成偶像的样子(或者他以为偶像会喜欢的样子),或许真的能够结识到朋友,但是在那些朋友面前却永远不敢做回真我。这种看起来很美的亲密感只是幻象而已,一个人不可能永远扮演某个角色,当他离真实的自己越来越远的时候,以别人的模式生活会更累,最终还是会放下那个完美的角色,重新寻找和朋友的关系定位。与其如此,不如一开始就审视一下,这个看来和你很亲密的朋友有没有让你活出自我来。

我一直强调,好的人际关系是能够帮助我们获得成长的,如果这份亲密使得朋友们都只是享受风花雪月的快乐,却没有思考过接下来如何进步,那么就是需要抽身离开的时候了。优秀的伙伴,不是让我们在原地腻在那些甜美的感觉中,而是能和我们携手往前走的人。沉浸于现有的美好而不再有新的追求,颇有点"从此君王不早朝"的堕落。或者这正是一个对友情"优胜劣汰"的过程:当你玩够了准备上路,追寻成功的脚步时,那些和你并肩走的伙伴就是你应当继续保持亲密的好朋友,那些渐行渐远的人,就真的不该属于你的圈子,放手也没有什么可惜。

我们之前提过,友情和爱情的排他程度是完全不同的。爱情要求的是忠贞,唯一的伴侣,拒绝暧昧,拒绝脚踏几只船。但是友情却不一样,我们需要人脉圈的交集和传递效应,通过朋友结识更多的朋友,虽然中心团体可能只有为数不多的几个人,但是对外延的要求却是多多益善的。将至交好友介绍给其他朋友认识,是一件多赢的事情,所以应当是积极快乐的感觉。但是如果有妒忌的成分出现在我们的情绪里,或是对方对于我们结交朋友有诸多想法,友情中添加了太多的占有欲,这样的亲密就要不得了。

那些幸运的人总是能有许多朋友帮助他,生命中贵人不断。感恩也好,依赖也罢,对于那些让我们的生活发生重大改变(当然是向好的方面转变)的人,我们很自然地怀有和他人不一样的感情。这没什么不对,但是你需要警惕的是,对他们的喜爱和亲近,会不会因为这种恩情而过于影响我们自己正常的努力。换言之,当这些朋友在我们身边给予支持的时候,生活进行得一帆风顺,可是太顺利了会不会导致我们完全依赖于他们的能力及其对我们的照顾和帮助。假使有一天,这些亲密的伙伴离开我们的生活,或是无法像之前那样全心地帮助我们,我们要能够保证生活还能顺利进行,千万不要依赖某个朋友到生活不能"自理"。

最后,我想告诉你的是,无论你有多少出色的朋友和伙伴,也要随时准备好自己可能孤军奋战。要清醒地知道某一个阶段你想要达成什么样的目标,某一个时间你需要什么样的搭档。我们都不喜欢别离,但却经常要面对。结束一段人际关系时自然会伤感,可这种伤感绝对不能影响我们正确的判断力。大学毕业,最要好的朋友回到自己的城市,你希望工作中能遇到一个他一样的同事;换了一家公司,薪资职位都大幅提升,唯一可惜的是你原来的主管让你有些舍不得,你希望接下来能有个像他一样的老板……STOP!我们不能让某个影子或者标签存在于我们的脑海中,用它去套用所有的人际关系标准。

你永远知道自己喜欢什么样的人做朋友,哪怕他们不能一直在你身边,可以怀念,但不必眷恋。这就是亲密但不过分的友情。

半米贴近:每个人都有隐私不为人道

有道是"不识庐山真面目,只缘身在此山中",太近的距离反而使我们无法客观地观察到事物的全貌,可是离得太远的话,又容易忽略一些重要的细节。恰到好处的距离,是我们了解事物非常重要的因素。在人际交往中,我们常常会以距离来衡量自己与对方的亲密程度,半米的贴近度是最常规也是最适合的状态,让彼此都感到安全,却又不至于太过疏远。

但是经营人际关系不同于一开始结交陌生人,我们在不断观察和衡量现有的朋友是不是需要更近一步,或是只能保持礼貌的距离,于是"半米"这种折中的状态,衍生出一个相对宽泛的概念,便是人际关系最自如的时候,就是有着可进可退的感觉。这种安全来自于我们对自我的定位。想象一下一个人在半米开外读一封信,那上面的内容究竟能不能看得清楚透彻,答案完全在他自己。可以说能看得清清楚楚,也可以说视线模糊。或许,能不能看清并不是关键,关键在于你如何回答这个问题——这种状态就叫做安全距离。

你在观察对方,对方也在观察你,所以半米距离是一个信号,让人知道你或许想要接近他,但是还在礼貌地等待对方的邀请。

当然没有人会说得很直接:喂,你可以和我更亲密些。但是他们会给出这样的信号:

(1)假如他们总是邀请你参加一些其他圈子的活动。可能你们只不过是教友,除了每周末做礼拜的时候有些接触。然而接触得多了,你们发现除了信仰一致以外,其他很多方面也颇为聊得来。你是一个相当懂得品味生活的人,恰好这个朋友准备搞一个红酒品鉴的沙龙,于是将你介绍给他的客户和同事。这可是一个相当重要的信息,因为你在他心目中的地位已经和别的教友有所不同了。我们可能欣喜地发现自己的人脉圈得以不断地扩大,通过朋友来进入一些原本自己不会接触的圈子,然后认识更多的朋友。在这个时刻,千万别忘了另一件重要的事情:那些介绍你认识新朋友的人,其实把你当成了相当重视的朋友,所以你可以将他们列入重要朋友的名单了。

(2)假如他们允许你介入他们的私人生活。我们平时接触最多的,可能不是自己的爱人和孩子,不是父母,不是闺蜜,而是同事。一天八小时甚至十多个小时在一起,周末没准儿依然要碰头(现在要加班的人实在太多了)。大家从明星八卦到公司人际关系的内幕,无话不谈,仿佛是亲密到分不开的朋友——可是仅限于工作时间。一旦出了公司的门,你们发现对彼此几乎一无所知。而那些半年说不定还见不到你一面的死党,在你不在家的时候会去你爸妈家里蹭饭,在你和爱人都没时间的时候会陪你孩子去海洋公园玩。是否够亲近,很多时候不是看在一起的时间,而是看不在一起的时候彼此在做什么。如果你被介绍给他们很亲密的家庭成员,那么这份友情就是继续升温的。

(3)假如你们的人脉交集越来越多。有一种神秘的维系叫做"缘分",让你发现原来很多意想不到的情况下,你居然和某个人也有千丝万缕的关联。在人际关系上,它就体现为彼此在非刻意的情况下,居然巧合地重叠了人脉关系。常去的那间酒吧里的老朋友告诉你他觉得有个人和你应该很谈得来,约好见面,发现居然就是你小学的同学;和某个朋友一起去参加一个公开演讲,休息的时候和自己的同事打招呼,惊奇地发现你的朋友和这个同事居然在健身房见过……如果经常能遇上这类的巧合,我想要恭喜你了,你们注定应当是关系非常密切的朋友。因为这种巧合发生得越频繁,你们人脉的交集越多,就证明你们无论在生活还是休闲,工作还是事业心等方面,都有惊人的一致性,而这种共鸣将吸引彼此的心走得更近。

(4)假如你们非常明确大家有着共同的目标。有些关系不错的同事喜欢下了班一起走,直到不再顺路。这和旅行不一样。一个人的旅行也是可以好好享受的,因为整个过程中有太多风景值得我们静下心去一一体会和感受,但是只奔着终点而去的话,一个人就未免太孤独。竞争对手也好,结伴同行也罢,这条路假使有人陪伴的话,整个过程就会走得更快更轻松。如果你身边有一些这样的朋友,虽然看起来没有太多共同点,平时也不过是点头之交的情谊,但是你知道你们在某个方面有非常明确的一致性,这个时候,不妨试着向他走近些,说不定你会发现这是个不但很谈得来,还能够在通往目标的路上帮一把手的人呢。

(5)假如对方不断地和你分享一些只属于你们的小秘密。既然能够称之为秘密,那一定不是挂在嘴上到处说的。讲给你听,证明这个人觉得你还值得信赖,否则每天的娱乐新闻和八卦杂志随便拿个话题就能聊,何必泄露秘密?这里我们需要对"秘密"有个小小的要求:它绝不是那种"我告诉你一个秘密,你不要和别人说",结果却逢人就讲的公开的秘密;它很微妙,或许是某人做的一件不太能见光的事情,或许是某个重要人物的隐私,更甚或是这个人自己埋在心里没有人说会觉得难受,却又不敢轻易说出来的故事。保守秘密其实是一件挺痛苦的事情,好比得了隐疾一般,不能随便拿出来让人看,又不能不找人治。当遇上一个名医能看好这种不好启齿的"病",那种心情可想而知。当然了,你可不是什么江湖郎中,而是一个能够让朋友吐露心声的树洞,安全而体贴。

我们在不断尝试和别人走得近一些的时候,也有人在敲着门,希望进入我们的世界。给谁开这扇门,把钥匙交到谁手里,也是需要好好筛选一下的。

(1)当对方能够分享众多资源给你时,接受他的好意并且表示感谢。

交朋友是需要诚意的,这种诚意体现在言行举止上,而通过行动往往更加能够看出一个人是不是真心想要做成一件事情。儿时,我们对"好朋友"的定义是,我会把我最好的东西分给他。到了今天,这种心情一如既往。我们现在拥有的资源,好比曾经手里好吃的巧克力和好玩的变形金刚,分给别人之后,自己拿到的就会少。是什么让人舍得出让这些心爱的东西?有舍必然要有得,或许是求得你的资源和他交换,或许只是因为他很有趣,你想要和他结识一下而已。不管出于什么样的目的,我们都可以尝试接受他们。毕竟,对于人际交往我们从来没有说过需要谁无私奉献。

(2)当你的一些秘密不太重要对方却认真替你保守时,体会他的用心并珍惜这种尊重。

前面说过,两个人之间假使有很多秘密,那种关系一定很近。不是因为秘密本身有多重要,而是守护同一个秘密的感觉,仿佛被圈进了一个小小的世界里,没有其他人参与。所以,如果有谁愿意为你保守"秘密"——虽然你根本不甚在意它是不是会被公开,那么,他心里是非常渴望和你能有更亲密的感情的。更深刻一点去想,守住一个秘密的心情,就像是想要保护一个人。如此被重视的感觉,一定是非常令人感动的,所以我们要珍惜这份情感。

(3)当对方不会刻意要求从你这里获得利益时,分享你所珍视的东西给他。

这个社会已经习惯了等价交换,人们理性大过感性,精于计算。仔细想想,最好的朋友可能是学生时代或者工作初期所结交的。而今人们的功利性太强,没有耐心去等待,没有时间去挥霍。然后你可能发现一些人对你友好,却似乎没有什么意图从你这里得到什么好处,至少暂时看不出来。会不会是一种放长线钓大鱼的伎俩呢?可能会是,但更可能是,他只是喜欢和你交朋友的感觉,你的幽默与智慧,你的认真与灵感,都感染到他了。的确,因为和你成为朋友,他能获得成长,但这不是刻意要求的利益。我们是不是该奖励这样的朋友呢?

(4)当你们共同克服一些困难时,相信并好好经营你们的友情。

这是个太平盛世,需要患难与共的机会不多;同时人们却又越来越脆弱,抗击打能力不断下降。在这样的矛盾状态下,我们就有很好的机会能够看清身边的人。坚强的、敢于冒险的、有企图心的、重情义的……这些品质全部结合在一起,才能造就一个愿意并且能够帮助你共渡难关的朋友。困难给人最大的打击不是财物或时间精力的损失,而是梦想和信心的磨灭。陪同攻克难关的人,不仅仅是帮助我们达成了一个目标,更重要的是挽救了我们的梦想和信念。如果真的能和谁一起克服困难,拥有这么宝贵的经历,也算是相当难得的机缘,这样的朋友,一定要好好珍惜。

关注朋友的成长

分享：志同道合的人往往会一起努力

不知你是否还记得某一次毕业典礼和要好的同学分手时候的情景。多年同窗，感情深厚，但是在面对各自理想的前程的时候，却会毅然决然选择不同的方向。人们内心的渴望总是相当诚实的，人生有那么长一段路要走，志同道合的人才能陪伴得更久些。而这一路上，维系你们的关系，使你们一直走在一起的，就是分享喜怒哀乐，分享感受体会的好习惯。

伍思凯有一首老歌这么唱：与你分享的快乐胜过独自拥有，至今我仍深深感动，好友如同一扇门让世界变开阔。这首歌唱出的是分享最大的意义——让我们的人生更充实。因为在与朋友们进行分享的时候，我们能获得极大的受益。

(1) 启发思维。有了一些想法之后，听听大家的意见，似乎成了许多人工作的习惯。一个人的思维走着走着就容易进入死胡同；有时候，哪怕不采用别人的建议，甚至不需要他人的提示，在一个头脑风暴的环境中，人的思维也比较容易活跃起来。就好像很多人家里明明有跑步机，却比较喜欢在健身房里做运动的感觉，哪怕不用教练，和其他人也不怎么交流，在一个合适的环境中，就能使身体相应的细胞拥有蠢蠢欲动的活力。

（2）检验盲点。博弈论是一个非常伟大的理论，它帮助我们锻炼逻辑和推理的能力，使得凌乱无序的思维渐渐能找到一个可行的前进方向。可是即便都能运用博弈，不同的人对同一件事情的分析依然有着不同的思路。所以，每个人的头脑里都有思维的盲点，这不是依靠强大的分析工具就能够解决的。最好的方式，就是大家一起进行脑力激荡。你会发现这个人的广告创意会走入思维定式，那个人的语言习惯似乎又没有新意，别人也会告诉你这已经是你第三次将老板和老婆作类比了。

（3）释放压力。有些时候，你的不开心和烦闷，通过猛吃一顿或者疯狂购物也缓解不了，你只是想要有个人听你说说话，就算他什么都不干，只是坐在你身边听你一通牢骚，竟然就瞬间让你变得轻松了。这种感觉，是你抱着枕头自言自语不能拥有的。很神奇是吗？如果我们设想自己是一个封闭的球体，且能无限扩大，那么当我们充满压力却试图一个人来解决它的时候，这个球表面的颜色的确是变浅了透明了，但没有张开口，浑浊的气依然积聚在那里。但当我们有一个渠道可以发泄（必须是能和我们互动的人，因为这样便是打破了一个人承受压力的怪圈），那些闷气就会一点点释放，我们也就变得轻松自如了。

（4）获得支持。一个内心强大、思维积极的人，假使能够听到一个呼应内心渴望的声音，将会变得更加充满动力。而能够让你获得这些"赞成票"的方式，就是把你的想法和大家分享出来。反过来，当你去支持别人的梦想，鼓励他们勇往直前的时候，你自己也会获得巨大的力量。当然，一定也会有泼你冷水的人，但是这没什么重要，你只要将那些正面的支持积累起来，就足够了。

这么看来，分享真的是一个非常好的习惯，既然你已经准备好了，我们就来感受这种叠加幸福冲淡痛苦的神奇力量吧。

有一些朋友在某方面做得可能不如你优秀，这时你的分享可以帮助他们快速获得经验，然后带动他们成长。销售团队里经常就有这样的交流习惯,请一名"绩优高手"来谈谈他是如何做业务的,为什么客户愿意购买产品,当客户拒绝的时候又该如何处理。这种分享的效果往往非常棒,不管分享者的营销思路是否适用于所有的人,至少这种信心会感染整个团队,同时也能让大家认真反省自己有没有做得还不够的地方。与此相对的是对销售"话术"的迷信,好像背几句话就能催眠客户乖乖掏钱一样。分享,永远不是在意能达到什么样的结果,而是这个过程让大家享受,然后自己得到收获。

当然有时候你也会碰到一些成就远高于你的朋友,你是不是习惯了听故事的角色?那么请你试试向他们分享一些感受。朋友之间是没有什么等级和地位之分的,但是我们对价值观和审美一致性的要求却不低,换句话说,朋友间得有话能够聊得来。所以,总是听故事和总是讲故事,久了就会觉得寂寞,分享除了可以是成功的经验,还可以是真切的感受。那些成功的人,通常总是在高处指导他人如何复制他们的经验,当你愿意讲讲你的努力,你的挫折,你的成就,就是在唤醒他们这一路走来的回忆,与你一样的辛酸和快乐,这同样是一份难得的体验。

不过更多的情况是,那些为了理想而一直在奋斗的战友,讲讲自己的各种心得,然后彼此打打气,找到点动力;谈谈自己的诸多委屈,互相给点安慰,接着继续努力。分享就好比一泓清泉,交流着奔腾着,就有力量;凝固着安静着,就会变成死水。

正如人际交往中各种小贴士一样,分享也是需要技巧的,有一些原则我们必须记住。

(1)分享不是施舍。这个世界上的资源的确不是平均分配的,当你拥有得多一些的时候,分享给其他人,这原本是一种善意。可是倘若这种分享带着一点高高在上的感觉,觉得接受这些资源的人都低于你的话,就是变了味的给予。分享者在付出的过程中的收获,绝对不是单纯的成就感,而应当是因为将美好的东西带给更多人,而感受到幸福蔓延开来的喜悦。

(2)分享不是炫耀。有一些所谓的大师,他们的演讲有着好听的噱头,却做着玷污分享真谛的事情。在他们世俗的眼光里,拥有财富,拥有地位,还有舆论对他们的追捧,无疑是成功的,于是,他们将自己的成功无限放大,期待旁人对他们神一样的膜拜。或者有些炫富的家伙,摆出一副有钱用不完的嘴脸,假惺惺地捐献,不是为了慈善,却是为了炫耀。这些人丝毫不富有,内心贫瘠得如同荒漠。参与分享的人们没有谁高谁低的差别,都有着一颗丰富的心,寻求资源和精神上的流通。

(3)分享不是平均分配。我们也曾见过这样的一些人,他们安于现状碌碌无为,却看不得别人好。在他们眼里,假如有人过得比他们好,就应当请客送钱,因为这样比较公平。我想,他们现在的不成功将会一直延续下去,因为他们误解了分享的意义。分享不是要将资源和成果平均分给所有人,包括那些没有收获到的人。分享是一种交流,是大家一起来帮助想要成长、有梦想的人达成目标,而不是努力的人获得回报之后来平均分给那些坐等天上掉馅饼的人。

(4)分享不是等价交换。我给你一个好的点子,你就要给我公司一成的分红,否则下次免谈,这叫交易。我有一个不错的创意,大家用它签下了一份很有前途的合同,然后计算奖金的时候封个红包给大功臣,这才是分享。看起来很接近,其实千差万别。交换是眼睛盯在别人手里你想要的东西上,一种赤裸裸的欲望,只是因为无法不劳而获,所以打着分享的旗号你来我往。真心的分享,是着眼于和同伴一起享受的感觉,是放大了的美好,而不是一物换一物的苍白。

有愿意分享的心,更要懂得方法,才能帮助更多朋友进步,而自己也能赢得更多机会。所以,牢记下面三点,我们就能在分享的过程中,和那些拥有共同目标的伙伴一起,整合更多的资源,迸发更灿烂的火花。

(1)分享的是方法而不是结果。知其然不如知其所以然,所以现在很多培训课程中增加了训练的部分。我们常常说成功者的经验无法复制,不是因为他们在分享的时候隐瞒了些什么,而是这种分享只能让人知道他们拥有了什么,如何拥有,却不曾告诉大家,用什么样的方式才能像他们一样抓住自己的梦想。

（2）分享的是感受而不是评价。在有情绪的时候我们要把它释放出来，才不会积聚成病。可是很多时候我们是带着评判去表示自己的经历的，比如，Tom 又给我穿小鞋，Jessica 是个很有控制欲的家伙……这不是好的分享，而是错误的引导。当我们感到难受的时候，或许可以试着这样说：May 这次没有推荐我去泰国培训，让我感觉有点惊讶和委屈，我觉得自己不受重视了。习惯于这种表达，我们会给朋友带来更多积极的能量。

（3）分享的是资源而不是财物。授人以鱼不如授人以渔，分享的本质，是当一个人有了可能获得成功的方法之后，带领大家一起去往那个方向，这种分享是能够将资源复制的，比如技能，比如人脉。但是如果仅仅有这么几个人去努力，最后获得的收获一定非常有限。如果可以 10 人每人赢取 100 元，何必一个人赚回 200 元然后大家去分呢？

分头行动，共享成功，让我们邀上那些志同道合的伙伴，一起为彼此的梦想而拼搏吧。

鼓励：一句抵万金的话要聪明地说

"是你多么温馨的目光，教我坚毅望向前路，叮嘱我跌倒不应放弃……"这是 Beyond 一首经典老歌《真的爱你》中的一句歌词，也是写到这个章节时进入我脑海里的第一句话。来自亲密的人的鼓励，就好像是夏日炎热时候一杯清爽的冷饮，或是冬季寒冷里一碗暖心的热粥，振奋人的精神，缓解人的疲惫，给人以力量。

通往成功的路上，似乎总是有两个声音交会，一个让我们坚信自己的选择是正确的，只要一路走下去，就能看到幸福的终点，而另一个则不停叫嚣着"你不行"，想要把我们打垮。神奇的是，不论负面的声音有多嘈杂，只要有一个鼓励的声音出现，或者是温柔的祝福，或者是强悍的鼓舞，就能让我们充满信心向前行进。这便是为什么我们常常需要被鼓励，因为它就像是化学反应中的酶，本身可能没有太大的直接作用，但是少了它却不行，有了它的加入，整个过程就能顺利进行。

我们需要被鼓励，我们的朋友当然也需要。所以，假使你希望能把积极的能量带给身边的人,使你的人脉圈子都能洋溢着一种快乐向上的氛围,就好好地鼓励你的同伴们吧。不过,鼓励可不是一句简单的"加油",要想达到效果,就要下点儿功夫。

不是所有遭遇挫折的人都在等着别人给他一句"你一定行"的,有些人适合激将法,被人看扁反而容易激发斗志,还有一些人却是"给点阳光就灿烂"的充电型,要不断地给他能量,他才有更好的表现。而区分这两者差别的,是他们对待旁人给予的关心持以什么样的态度。那些对他人的鼓励很受用的人,是柔软接纳的姿态。或者我们可以这么理解:激将法是对一只充满了气的皮球踢一脚或是拍一下,它就能飞起来;而鼓励则是为一只氢气球充气,然后它才能慢慢上升。

面对不同的人,再看看自己的性格和特点,使用鼓励的方式自然不同。

大多数人的鼓励是采用积极的语言,虽然不能说这其中的技术含量不高,但很显然,说几句话是相对比较容易的——前提是你本身就是个感性的人,表达也很有感染力。人们缺乏信心的程度不同,需要的"强心针"的剂量有重有轻,语言的效用差别非常大。有的人可能已经有了相当的信念觉得会成功,此时,一句锦上添花的"去吧,我看好你"或许能让他笑得更加灿烂。有的人还在纠结着自己行不行,这个时候能给他们信心的不是苍白的肯定,而是梳理出一个逻辑清晰的优势脉络,好让他们看到成功的可能性。比如你团队里有个新人打算在公司年会上表演,但是一听说董事长要参加又有点怯场,这时一句"我相信你可以"多半帮不上什么忙,倒不如分析给她听,专业级的比赛她都参加过,评委们都是国际上的舞蹈专家,而这次年会上不论董事长还是总经理都是舞蹈外行,哪怕她跳错步子也没人看得出,关键是放松自如地展示自己。这样的鼓励,才是能缓解她紧张的良方。还有一种更高级别的,就是对方根本没有意识到自己有这样的能力,但你却具有伯乐的眼光,所以希望他能激发自己这方面的潜能(有些类似"星探"们常做的事情),那么一开始,先要激发对方的兴趣,为他画一幅美妙的蓝图,接着找出他的优势所在,进而促成他去尝试。

无论是舌灿莲花,还是只字片语,语言的鼓励都是一种相当直接的表示,无论是否相熟的朋友,都很容易感受到你的心意。只不过有的时候,再复杂的语言也不如一个有力的拥抱来得温暖,虽然什么都不说,但是对方也知道你很重视他,希望看到他成功。

像这样的肢体动作还有很多都能够用来表示鼓励,比如对孩子,我们有时候会摸摸他们的头,宠溺地揉几下头发,那是一种爱和希望的表达;成年男性或是职位比较高的人拍拍别人肩膀或是上臂靠近肩膀的位置,也是一种注入力量的表现……和单纯用语言鼓励最大的不同在于,这种方式适用的人群和我们的关系要相对亲密。"加油"谁都可以说,可是拥抱这类的身体接触,只有我们信任和亲密的人来做,才能带给我们温暖和力量;假使换成一些不甚熟悉的人,莫名其妙地故作亲近,非但不能解压,反而让人感到浑身不自在。

虽说适用的人群没有那么广泛,但是这种方式的效果还真的是非常不错的。比如某支球队上场比赛之前,全体成员都会伸出手紧紧握在一起然后大声喊出"一二三加油";对初出茅庐的新手,教练临上场前的一个拥抱和一句鼓励就能快速缓解他们的紧张从而使他们发挥出色。如果我们以能量和气场来理解,可能就是通过这种带着关爱的接触,几个人的力量全部叠加到一个人身上,所以他才会空前充满勇气和信心。听着有点儿玄?管用就好!

话说到位了,力量传递到家了,这时假如表情和眼神更加给力一点的话,你的朋友或许就能拥有"打了鸡血"一般的兴奋和激情。但这个时候最大的考验就在于,之前的两种方式是为了让对方相信他可以,而此时此刻,你的朋友正热切地期待你回馈给他的信息是,你坚信他可以。所以,鼓励是一种真心诚意的支持和信任,而非敷衍了事的客套,毕竟台词可以预先背好,动作可以多加排练,只有眼神和表情必须真心才能展示出来(哪怕是演戏的人,逼真演技也要先"入戏"才能做到)。

不知大家是否有过这样的感受,就是当我们真诚地鼓励一个人向着理想努力的那一刻,连我们自己都好像要去拥抱这个实现了的梦想一样激动。因为那些需要我们去鼓励的人,同时也唤醒了我们对这份感情的重视,使我们坚定了这样的信念:

(1)鼓励是把一个人当成重要的伙伴,希望对方能够振作精神。

我们一直说,志同道合对结交朋友相当重要,大家都在同样的方向上前进,同伴的步伐快慢,他们的士气高低,对大家的目标都有相当的影响。谁都希望快一点抵达终点,所有的伙伴都紧紧围绕在一起那种的感觉,好像他们就是自己身体的一部分,完全融合得恰到好处。鼓励是充满温情的,它允许你用充分的时间把各方面的状态都调整好,重新抖擞精神出发上路。只有对自己认可的伙伴,我们才会给予这样的耐心,而不是催促及推动。所以如果你常被鼓励,那么即便对方没有直接说出口,你也该明白你对他们很重要;假使你很在意一个人,那么,在他最需要的时候,给他一点力量。

(2)鼓励是因为这个人的情绪牵动着朋友们的感受,希望对方能够快乐。

一个踌躇满志的人几乎是不需要鼓励的,只有当他失去勇气和力量时,仿佛一只迷了路的小猫,委屈而楚楚可怜,那个时刻,来自旁人的关怀会显得特别温暖。你可能会希望这个人不要苦着一张脸,你想要看到他平静祥和,嘴角带着笑意,眼神充满光芒。是的,越是在乎的朋友,他们的难过越会让我们的心情也低落下来,想让自己快乐,必先看到他们的喜悦。有时候鼓励是这样的一种投射:对方的情绪牵动你的心,所以你会努力地希望他笑容灿烂,同时内心也有这样的期待——或许有一天你也觉得伤感了,他能够同样给予你关怀。通过这样的方式,我们不断地筛选出互相关心和在乎的朋友,最终,你们的默契可能只要一个眼神一个动作,就是千言万语也敌不过的强心剂。

(3)鼓励是相信这个人有能力去胜任,希望对方能够成功。

这种感觉相当奇妙,似乎没有任何的迹象表明,却让我们坚信某个人能够成功。称之为预感也好,这般没有理由的信任,却仿佛是我们早已看到的画面,使人坚信不疑地鼓励对方"你一定能做得到!"最神奇的地方恰恰在于,因为我们不顾一切地相信,梦想中的画面居然会成为现实。友情也是需要缘分的,有一些人就是和其他人不一样,让我们能够感到放心,也愿意为他们而努力。我还是习惯于用"气场"来解释这种神秘的关联,当好友之间相互鼓励打气时,就好像小宇宙爆炸了一样,有冲破一切困难的能量。当你感觉内心有一个声音告诉你,你应当对某个人说"加油"的时候,一定要珍惜这种"冲动",或许这个人就是值得一路走下去的至交好友。

建议:关注事件而不是关注评论

"纠结"这个词现在的含义,和唐代大诗人李白诗词中的意思已经大相径庭。或者我们都觉得用这两个字来形容经常有的那种不知如何取舍的混乱实在太恰如其分了,可以看出,我们的生活中到底充斥了多少令人左右为难的选择啊。所以假如我们的人缘不错,朋友圈子够广,这样一句话你可能听来就很熟悉:给我点建议吧。

千万别急着帮他们选择 ABC,在这之前我们必须搞清楚,人们到底为什么会需要别人给自己建议(很多时候大家不是都很讨厌别人在一旁指手画脚吗)。

第一种通常是没有具体思路的人。他们知道自己想要的结果,但是却苦于无法想到合适的方法去完成,好比要在一个硕大的杂物箱里翻找一个小小的别针,虽然最终能找到,但是一旦想到这是个浩大繁杂的工程,突然间就泄了气。这个时候,他们对朋友说,给点建议吧。他们要的是你告诉他们该怎么找吗?显然不是。这类的求助需要的不是方法,而是他们很期待你能直接将这个别针送到他们面前。然而事实上,我们不可能去替他们完成这个寻找的过程,也不应该这么做。千万不要以为你将答案摆在面前对方一定会感谢你,对方这种烦躁的情绪依然没有平静,下次雷同的过程发生时,对方要么对你产生依赖,要么就是再一次地不知所措——一直到你帮他们找到了错误的东西,然后吃力不讨好地被大骂一顿。对于这样的人，我们的建议是要减少他们的工作量，使得原本很复杂的方法尽可能简化。比如拿一个大的磁铁吸出一堆金属物，看看里面有没有他们想要的东西，这是在帮助他们知道，假如再有思维如一团乱麻的时候，如何剪除那些没有必要的颜色和质地的线团。

另一种是手头已经有了几个选择，却不知如何判断。好比选择恐惧症，觉得都很好，却只能拣其中之一，然后想要末位淘汰留下最喜欢的，又发现统统都舍不得……他们似乎相当懂得这个世界上没有什么是完美的，所以能够在很多事物上都发现它们的好，而最纠结的事情恰恰在于，要在它们之中作一个决定。于是他们就问：到底怎么选呢？给我一点建议吧。这时候，无论你告诉他们选什么，他们都不会满意。于是乎，你可以做的，只不过是帮助他们再次确认自己更在乎的是什么。比如选择一份工作，甲家福利好薪水高，只是工作时间相当固定，朝九晚五，必须坐办公室；乙家自由轻松，钱拿得的确没有那么多，但有充分的时间做点兼职……怎么选？我们不是那枚一掷定结果的硬币，所以只能引导他仔细想想，是不是能接受加班，会不会处理复杂的人际关系……最终必定会得出一个结果来。

最难处理的是那些内心其实有倾向性，但是不敢或不愿为自己的决定负责的人。摇摆不定间，是些微的不敢确定——这个结论是不是一定对自己最好。他们内心还潜藏着一些不自信，所以虽然有相对偏好，却迟迟不敢决定，因为担心万一作错了选择，那样的后果会让自己觉得难过。于是，求助于他人，至少能够在心里给自己这样一个安慰：即便是错了，当时也是别人让我这样做的。他们会征求你的意见：到底该怎么办，你有没有什么建议给我？这个"当"千万不能上，哪怕你看出来他已经倾向于哪一边。或许我们可以试试这样：将每一个选择可能赢得的优势放大出来亮在他眼前，而不是任由他纠结于万一作错决定会如何。

看了上述种种，我想你一定发现了，那些向你征求建议的人，根本不是要你帮他们作决定，只是为了借助于另一个声音来拷问自己内心潜藏的最真实的渴求。当我们明白了建议的真正意义，就知道好的建议应当起到这样的作用——让人们抽离出来看清事件,而不是沉溺于情绪里去作评论。我们好像已经很习惯将事实和感受一起表达,结果就是罗生门,"真相只有一个",却总和我们所了解的不完全一致。脱离自己的好恶,客观地去观察事件是需要修炼的,所以我们常常希望他人给我们一点建议,就是因为我们会在自己的判断里面走不出来,思维不断有新的盲点。所谓旁观者清,有时候甚至不需要太复杂的思考和推理,只要不是置身其中的人,都能看出其中的是非曲直。情人们在热恋的时候觉得对方什么都好,所有的错误都能够找到理由原谅,却无法肯定当需要一起长时间经营生活中的种种而不是简单的花前月下时,是否真的能够一直容忍对方的缺点;某个急着要人的岗位,对应聘者开出来的薪水会有相当宽容的态度,只要在允许的范围之内,不会狠狠地"杀价"……需求决定了我们的态度,同时也磨灭了我们的勇气。对某些事物有欲望,就是被禁锢,说是看不清,其实更多是不敢看得太明白,因为害怕失去。这种担心让我们局限在某一种可能里,或许将失去更多的机遇。朋友的建议好比他看出我们丝毫没有必要紧紧抓着一根藤蔓不放手,因为脚下的积水看似汹涌,其实只是没到脚踝的深度而已。

要把一件事情看清,用下面几个问题或许能相对中肯地帮我们理清思路。

(1)发生了什么事情?征询建议的人必定要先将事情的来龙去脉介绍清楚,简单的几句评价判断无助于事情的顺利进行。这其实在锻炼一种尽可能从事件中抽离出来的客观思维方式。比如,"我不可能得到那份工作了,面试的时候有三个问题我回答得很差劲"显然不是我们想需要了解的事情的真相,而"我在面试的时候,对于为什么要离开上一份工作、对薪资的期待、打算什么时候生孩子这三个问题的回答,使面试官看起来特别严肃",这才能够帮助别人知道究竟发生了什么事。

(2)现在是什么结果?区分清楚"现在的结果"和"最终的结果"是非常重要的一件事情。很多不理智的评论往往由于某个时刻呈现出来的现状被误解为最终的现实。比如一些夫妻在某次争吵之后会得出无法继续生活下去的结论,很可能就是将现状扩大了的结果。进行这种区分,就是希望能够将暂时的不愉快做一个停顿和修整,或是在现在让人感到开心兴奋的节点上,看看是不是有把握将这种好的现象延续。这个问题能够帮助我们避免一些因早早就放弃而导致的遗憾发生,也能够让那些笑得很早的人依然有机会笑到最后。

(3)带来了什么感受?事情其实是没有对错的,让人评判事件性质的好坏通常源自于人们的感受。让人感觉好的,人们就认为是"好事",加薪升职、股票赚钱、恋爱顺利……反之则会觉得糟糕。有道是"塞翁失马,焉知非福",大多时候人们以习惯性的思维去评价事物的好坏,往往忽略其他可能,而这种思维定式就让人毫无道理地沉溺于某种情绪而不可自拔,殊不知可能完全是杞人忧天。小Z因为领导没有安排他去参加公司组织的泰国游而闷闷不乐,摆了一张臭脸给所有人看。他所不知道的是,原本领导预备带他一起去参加一个在法国举行的会议,而且有整整三天自由活动的时间。悲伤的感受最大的意义是提醒我们到底有没有必要让自己情绪如此低落。

(4)想要什么样的结果?假如我们能止住悲伤,平复情绪,那么我们就有心情去做一些更重要的事情,比如,想想接下来该干什么。最好的建议不是去帮对方画上一个句号,而是要满足他们内心真正的需求。当你朋友在为孩子填报高考志愿而头疼的时候,他绝对不只是为了完成那张表让你简单地告诉他哪所学校好。在他心里,最纠结的是这个志愿可能会影响孩子一生的前途。所以,这个案例中的结果不是志愿的填写,而应当是想得更远一些的,如何决定志愿的安排,既能尽可能满足孩子的兴趣和发挥特长,又能保证录取可能性更高。

我们会发现,朋友圈子里总有一些人,他们的建议往往被视为人们作决定时很重要的参考标准,那是真的懂得人心,又知道如何分析利弊,感性和理性结合得近乎完美的状态,也是我们自己需要不断去追求希望达到的目标。

谁都在不断地摸索和成长,谁都有需要他人帮助和指引的时候。无论是接受别人的建议,还是去建议他人做些什么,最重要的不是我们得出什么样的结论,而是学会看透事件的本质,从中学习和感悟。

支持:不一定要事事参与,但一定要事事关心

假如有一天你突发奇想要去一个地方旅行,当把这个念头说出来的时候,可能你大部分的朋友会说:去吧,祝你玩得开心。只有为数不多的人——或许只有那么一个,会准备好行装,然后告诉你:走吧,我和你一起。

前者是鼓励,后者是支持。前面的章节里我们讲到鼓励能够给人以力量,使得朋友不断地进步,在这里我们要看一看一种更加深厚的情谊,它牵动我们的情绪,更带动我们的行为。只有那些相当铁杆的朋友,才能触动它的能量,使人有冲动一起参与到某项活动里去。这种令人热血沸腾的感觉,可能就是一句在朋友间用得很通俗的话——我挺你!这就是支持。

将它和前文提到过的鼓励对比一下的话,我们就会发现,支持朋友所需要的情感更为投入。

(1)鼓励往往是一种旁观,而支持则更多是参与。看着别人去努力,期待他能收获成就,固然已经是不错的交情了,可支持却需要将关心和期待尽情投入,是一个全程的参与(这里我们不考虑那种随口说说支持,实际上却连个念头都没有动过的伪交情)。某句很江湖的话说"有钱的出钱,有力的出力",大概就是这个意思。想要达成一个目标,总是需要一些资源来帮助的,哪怕最简单的精神上的支持,也需要帮助朋友们去关心相关的信息,分析一下利弊,前前后后地关心着;更不要提将自己的物力、财力、精力全部投进去,以完成朋友和自己共同的愿望。

(2)鼓励往往是推动他人行动,而支持则更需要陪伴。我印象最深刻的就是每逢高考,考场门口全程等待的家长们俨然一道中国特色的风景线。回想那个漫长而煎熬的过程,有些父母甚至和孩子一起熬夜,时不时关心一下是否需要夜宵充饥,又或许只是躲在门口看一眼孩子依然挑

灯夜读,仿佛这样就能分担一点他们的辛苦。而哪怕最疼爱学生的老师,可能也只会在考试前夕不停地为大家打气。或许用鼓励与支持来区分人们的感情深切与否不太科学,但是有一点是可以肯定的——那些在思想和行动上都支持你的人,值得你也认真地回馈他们的情谊。

不如让我们也来梳理一下,如何为朋友们做一些事情,让他们能感觉到我们的支持。

做一个过于沉默的朋友是很吃亏的,因为很多时候感情最重要的是沟通和交流,尤其是涉及一些需要互相表明立场和感受的时候,让人猜测你的想法其实非常危险。同时,我们对朋友的简单判断也不完全能接触到事情的真相。所以,学会以提问的方式来了解他们在什么方面需要支持是非常重要的。你可能觉得那种一个眼神就知道对方要什么的默契很美好,只不过我想告诉你,哪怕真的有这种默契,同时说出同样的话来,要比在肚子里暗爽更加有感觉。

做一个聪明的朋友比做一个莽撞的朋友来得让人喜欢,所以即便知道了对方需要我们的支持,也不是立即一头冲上去和他一起蛮干。在暂时还是旁观者的时候,我们可以好好地利用自己置身事外看问题比较透彻的优势,好好地分析一下这个事件。有时候,朋友所希望的支持和我们恰恰应当做的,不一定会一致。比如你有个任性的朋友没有任何的相关经验,而且身体等各方面条件也不合适,却一意想要骑行川藏线,还让你支持他。这个时候鲁莽地支持甚至陪伴其实反而对大家都不好,或许商量下来,想要浪漫的骑行,厦门的环岛路更加适合你们一起去尝试一下。看起来虽说是没有支持先前的决定,但这种对内心渴望的支持,经过分析之后产生新的结果,却是一个真正的朋友应当做的。

分析是为了看清各种可能性,因为对朋友的支持,究其根本是需要帮助他们一起完成一个他们想要的结果——以最适合的方式。之前也提到过,人们的思维总是会有盲点,向人征询建议就是避免陷入盲点的方式之一。但是建议和支持所站的立场毕竟不同,假使有一些很重要的朋友,我们想要支持他们的某个决定,就必须拿出仿佛是自己要亲身参与的投入度来,由头到尾地用博弈论一样的审慎去思考各种利弊,然后采取行动。

但是有一点是非常需要小心的:再怎么投入地亲身支持,也不要越俎代庖,有一些思考的过程、亲身的尝试,必须本人经历过才会有感悟,才能成长。比如有人说支持朋友找一份好的工作甚至创业,然后几乎等于手把手地教,这样的"支持"不如说是"代劳"更贴切。我们对于朋友的支持,的确应当将过程和细节放在心上,却不表示所有的一切都要自己参与。有点类似父亲教孩子骑自行车,虽然要全程陪同,时不时扶上一把,但真正在骑的人只能是孩子。

如果说一同出发是体现支持的诚意,那么共同完成体现出来的就是我们去支持朋友的能力了。在这个过程中,对彼此行动的调整,最终达到某个结果,再对这个结果和完整环节进行审视,是能区分原本好心好意的朋友会不会不小心变成损友的关键。这里有个无厘头但实在不怎么好笑的故事和大家分享一下。

Penny 终于打算去参加朋友安排的各种相亲,她的好友 Lola 当然表示支持。考虑到 Penny 很内向,不太会和异性打交道,每次聚会 Lola 都会陪同,然后帮着 Penny 问男士一些问题,有时候再说说笑话调剂一下氛围——结果估计大家都能猜测得到,对方感兴趣的人不是 Penny,而是活泼一些的 Lola。假如我们来分析整个过程,其实中间是有需要调整的地方的,比如一开始三四个人的约会可能是为了让 Penny 适应这种社交,但是渐渐地当男士忽略了 Penny 的存在时,Lola 就应该调整一下她支持好友的方式了。或许可以等到 Penny 每次约会回来以后听听她的故事,然后给一些恋爱的指导,而不是亲力亲为地参与每一场约会,最后把事情搞得很复杂。

"我支持你"是一句说出来会让双方都有期待的话,有想法不够,还要有方法;有技能不够,还要够真诚。因而我们对于朋友的支持,彼此都会有很深刻的感悟,它是一种感情的体现,越是有力的支持,越能巩固这份情谊。

共同完成一件事物的感觉是很刻骨铭心的。学生时代,对"同桌"的印象很可能比对其他人的要深刻；工作时期，一起进入公司或者刚进入公司时候接触比较多的同事，关系也会比较密切。对于这种关系来说，有太多机会需要彼此给予帮助和支持，一起完成某个项目，互相探讨某个话题，这种互动非常自然，也常常是旁人参与不了的。整个过程有多曲折有趣，人们对最终分享的成就印象也就有多深刻，而对于事件的印象同时也会加深对参与者的记忆，所以那些在最重要的决定上支持我们的朋友，我们可能永远难忘。

一起努力的过程能增进深入了解。如果把建议和支持都理解为一种力量的话，建议可能是一个有爆发性的推动力，一刹那就能知道它到底有多大能量，因为它的功能更多的是启发。而支持是一个长久支撑的力量，两条腿交替着走路，喜欢穿什么样的鞋，两只脚有没有大小不一，这些信息对于能否顺利高效地到达终点都是尤为重要的。有时候，可能只是因为冲动支持了某人的决定，但是在这个互动过程中，竟然发现自己原来做了一个多么正确的选择。

有了越多的朋友，我们就会在心里有更多牵挂，我们去支持那些我们在乎的人的各种梦想和决定，我们陪伴他们一起去探索和实现。虽然没有太多的精力一一参与到那些美好的过程里去，但是我们都放在心上，必要的时候贡献出自己可以拿出来的资源。而我们的慷慨绝对会有最好的回报——当我们需要支持的时候，有很多伙伴义无反顾地陪伴在身边，所有的成就感，都是叠加的幸福。

保护：让人知道需要的时候你会在

办公室里常有这样的笑称：女人当男人用，男人当畜生用。话虽粗俗，却揭示了现今的职场之残酷，人们都要坚强地扛起工作和生活的重担，脚步匆忙，没有时间停歇，没有空间诉苦，没有人能交心。大家在感到无助的时候，哪怕想找朋友聊聊，一转念又担心别人是不是在忙着，或是觉得彼此都是同病相怜，聊着聊着也不过就是互相发泄一下抱怨一下，给予一些安慰。久而久之，内心倒像被锻炼得坚硬无比，没有什么是自己做不到的。

我们且先不去看这种生活方式是不是全然健康,只要问自己两个问题,就会知道朋友的照顾和保护是多么温暖的感觉。

第一个问题:难道你就没有一个时刻,希望不要那么强大,而是被人呵护和照顾着,甚至可以像孩子一样任性吗?

第二个问题:当你最亲爱的朋友面对生活的种种压力和难关,却还是一个人硬撑着,你会不会觉得有点心疼呢?

我想,有很多人都会选择两个"YES"的答案。每个人心中都有被人保护的欲望,无论多么坚强;同时,也一定有人能够触动他们心中的柔软。

充当朋友的保护者,不是要比他们孔武有力,不是要比他们强势果敢,只要在某一个时刻,你的内心比他们强大,就可以在一个空间里立起一道屏障,帮助他们躲避外界的纷扰,然后慢慢地疗愈内心的不安。所以这些人,你统统可以保护他们,那真的是相当有成就感和幸福感的事情。

(1)你特别在乎的人。爱的力量能让一个人的潜力被无限激发,我们在一些新闻里看到,诸如灾难现场母亲为了挽救孩子,能够徒手搬动钢琴、挖开房屋的废墟……再怎么弱小的身躯,再怎么没有勇气,面对自己在乎的人,都会一下子爆发出自己也想象不到的能量来。保护欲就是这样的一种感觉:如果心里牵挂谁,就会不愿意他受到伤害,于是会本能地去保护他。

(2)依赖你的人。有时候可能"缘分"比较能够去解释这种微妙的感觉,你和一些朋友特别容易谈得来,彼此也很互相依赖,你们其中的一方如果遇到困境,另一方都会想要保护他不受伤害。依赖,在某种程度上理解,可以是一种无条件的信任,觉得对方在任何时候都能够帮助自己脱离难关。虽然大多时候被人依赖过度会有喘不过气来的感觉,然而,保护那些依赖着我们的人,是一种神圣的责任感,会锻炼我们不断地找到方法帮助自己和他人走出困境。

(3)坚强了太久的人。有首歌这么唱:坚强得太久好疲惫……所有人的"体能"都是有限的,哪怕一个马拉松运动员也会有累的时候。身体疲劳了,抵抗力就会下降;心灵疲惫了,精神就会脆弱。假如你身边有这样的朋友,你会发觉他们对于你的保护,感受特别敏锐。或许一开始是一种抗拒的姿态,但是潜意识里那个柔弱的自己等待被保护已经很久了,这样的人,也特别容易感恩和真诚地对待朋友。

(4)不如你强大的人。好比公交车上会有老弱病残孕专座一样,对于那些弱势群体,习惯性地去保护,算得上是一种美德。举手之劳间,让更多的人能够安全和放心,其实是最简单的为自己赢得正面的积极能量的方式。做一个包容和善良的人,就是真正的强者。

但是"保护"两个字在人际交往中有着相当复杂的含义,远非遮风避雨这么简单。人们需要保护的,最珍贵的,就是健康、快乐以及梦想。

(1)保护朋友们的身体健康,不仅是要抵御外界一时的伤害,还有那些慢慢侵蚀人们体魄的坏习惯。影视剧中为人挡下一辆飞驰而来的汽车这种桥段,生活中不太会有,但是长期的生活压力会使人缺乏睡眠,烟酒过度,心烦气躁,郁积成病。这个时候,是不是能适时提醒他们保重自己,是不是给出一些小贴士来让朋友们睡得更香,笑得更欢,都是我们是否做到了真正的保护的体现。

(2)保护朋友们的快乐,就是用积极的情绪和自己的幸福去感染他们,将源源不断的喜悦带进他们的世界里,补充快乐的能量。你可以将这个过程想象成"充电",要做到这一点,必须先保证自己是一个不断散发快乐的能源体,所以必须有一颗能够制造喜悦、感受幸福的心,才能担得起这样伟大的任务。

(3)保护朋友们的梦想,是在了解他们内心的渴望、能力的匹配之后,比他们自己还要坚信这个梦想会实现。人们常常会在追求成功的过程中感到迷惘,想要放弃,这时除了自己的毅力,朋友的力量也是非常重要的。之前讲过的鼓励等方式,都可以用在保护梦想这个充满爱心的举动上。

保护欲强的人常常不小心走到控制欲的极端上去。千万记住这样的原则:保护是为了让对方感到安心和幸福,而不是成为束缚。所以,一个人什么时候需要保护,是有一些信号的。

(1)求助时。不知道是出于什么样的心态,现在的职场上,有很多人不愿意向他人寻求帮助。也许是不喜欢欠人情,又可能是不肯在人前示弱。不论是出于什么样的原因,一个不求助的人,就是一种独立坚强的姿态,觉得自己不需要帮助和保护。反之,假如他能够把姿态放下来,希望有人能够给予帮助,就是一种放开接受他人保护的暗示。

(2)泄气时。前面讲过,人们的梦想也是需要保护的。假使一个朋友泄气了,并且在你面前表现了出来,那么很可能这时候他的心里有两个声音在打架,一个觉得不可能实现,一个还怀有美好的希望。这时,我们要将那个充满希冀的心情保护起来,即便不是因为要他坚持那个梦想,也要让他保持着始终有希望的积极进取的心。

(3)恐慌时。当我们感到恐惧和慌乱时,最怕的就是独自去面对,这个时候一句"有我在"或许比其他任何时候的千言万语都更加能够温暖人心。人们面对恐慌,会不由自主地表露出自己最真实的情绪,是没有伪装的,也是最缺乏自我防护的状态,所以这时,你的朋友真的需要你。

(4)脆弱时。就好像我们自己有时候也不太明白,为什么会情绪低落,为什么会失望脆弱。朋友们当然也会有某个时刻,就像是个找不到方向的孩子,不知所措。这个时候,我们所需要的保护,可能不过仅仅是一种存在感,让人感觉到除了自己之外,还有人和他在一起呼吸、心跳、思考、迷惘……当这种情绪低谷过去之后,即便当时什么都没有做,陪伴着的人也是很重要的朋友。

保护,不是按照自己的方式主观地把对方藏起来或是紧紧拥抱,而是一个跟从对方内心的指引,最终使之感到平和安宁、幸福喜悦的过程。

(1)保护你的朋友,就是抚平他们的情绪。所有激动的情绪都无助于身体健康,喜怒哀乐固然是生活的调味剂,却也不该太频繁地折磨我们的承受力。让那些复杂的波动一点点地平复下来,不要狂悲狂喜,而是能够让人觉得宁静和舒适。

(2)保护你的朋友,就是提升他们的能量。小时候,有父母在身边保护;入学了,有老师和一些比较强的同学保护;恋爱了,有另一半保护;等老去了,换成子女来保护……看似这一生谁都不孤独,但另一个现实就是,没有谁能保护谁一辈子。于是,真正替人着想,真正希望能够让对方平平稳稳地幸福地生活,不是一直陪伴着对方,而是帮助他们变得更强大——在人生的大多时候。然后,偶尔再享受被保护的感觉,真的可以算是几近完美了。

(3)保护你的朋友,就是充实他们的内心。下雨天的时候把伞分给别人一半,伤心难过的时候把肩膀借给别人依靠……分享是美好的,然而却永远无法产生增量。因为不能永远陪伴,最周全的保护就是能设想到,即便自己不在身边的时候,对方还是能够受到照顾,所以父母希望子女的另一半对子女好,是一种保护的延续,却始终也保证不了谁和谁一起走完一生。那么,不如让我们做这样的准备:找到各种开启幸福的方式,拥有各种渡过难关的秘诀,然后把它们都注入朋友的内心,使他们也拥有无比强大的力量。

(4)保护你的朋友,就是给予他们希望。刘欢有首歌曾经被拿来戏称中国股民的心情——"心若在,梦就在",人们对于未来怀有希望,那么当下哪怕再艰苦难熬,都能够坚持着往前走。最值得守护的其实就是这样的一种信念,我们自己也好,我们所爱的朋友也好,相携着,怀揣希望,就是一种最强大的保护。肉体会受伤害也会康复,情绪会有低谷也有高潮,唯有希望是永远不能熄灭的火焰,只要一直燃烧,就能有光,有热,有能量。

理解:我不一定这么想,但我接受你的感受

"理解万岁",这个词道明了人际交往里诸多复杂纠葛的沟通难题。好好的一件事,谈着谈着突然就像是到了一个岔道口,你说应当往这里走,我说必须朝那里行,每个人都有自己的道理,每个人都觉得对方那条路一定行不通。这个时候我们应该意识到,能遇上一些人或者结交一些朋友并不那么容易,轻易打破一段关系对我们来说太过奢侈。这么一想,

"理解"这项能力就成为人际交往中不得不做的修炼。

可是理解到底是什么呢？是要我接受对方所有的想法和要求吗？是让我必须按照对方的思路和意见行事吗？答案显然是否定的。

用通俗一点的方式去解释这种状态，就是两个人意见相左的时候，彼此都能怀着这样一种观念：虽然我不一定要按照你的思路想和做，但是我接受你有这样的想法和感受。

Eva 和 Sophia 在谁应该去参加总公司的培训上有些争执，同事们觉得她们差不多要吵起来了。Eva 说 Sophia 已经连续三次参加了各项进修，出差期间的工作都是由她来完成，不但工作量增加，而且没有休假，没有补贴，培训作为公司的福利，应该轮到她去享受一次了。而 Sophia 的理由也很充分：如果是其他方面的培训，就让 Eva 当做是度假去走走也好，但这个培训是针对产品经理的，回来之后要负责整整两个季度的推广活动，Eva 是做人力资源的，对产品几乎不了解，去了也带不回太多的东西……

在这个案例中，你站在谁那边，你可能就会认同谁的理由。公说公有理，婆说婆有理，最终又会是个什么样的结果呢？只有试着理解对方的意图，才能够将矛盾弱化。

你可能会有疑问：理解他人仿佛是一种让步，对我有什么好处呢？

是的，理解在表面看来的确是一种姿态上的示弱，但是其本质是力求达成共识，找到解决的方案。谁先表示理解，整个事件的主动权其实就掌握在谁手里。

首先，它能避免冲突。刚才的案例里，Eva 和 Sophia 对自己观点的一味坚持可能会上升到不可开交的吵闹，这种冲突是我们在人际交往中应当尽量避免的。它不但会破坏我们和某些人之间的关系，同时对旁观者来说也是不好的体验和印象。如果两个人中至少有一个能够先心平气和地听对方阐述理由，不要急着表示反对（很多人生怕自己说得慢一些语气缓和一些就像输了阵似的），而是先表示自己完全能够理解对方为什么会有这样的立场，再来阐述自己的观点，就能给这种太过热烈的争执一个缓和下来的台阶。同时,这种理解也是一个暗示,双方都应该将心比心地考虑各种因素。

其次,它能帮助赢得尊重。在任何时候,善解人意都是一个不错的评价。做一个懂事的人,无论如何也比在人眼中是个无理取闹的家伙比较容易赢得尊重。表示理解就是一种很淡定的姿态,先不去看结果对谁好对谁有伤害,至少在这个时刻,我愿意替你考虑一下你的感受。这是大度,是宽容,是一种很积极地应对人际关系中可能遇到的问题的态度,这绝对会给你加分。在旁人看来,假使最终结果是按照你的思路来进行的,那么你就是个智慧的判断者;而如果最终是按照对方的意见来行事,你依然赢得了好的口碑。人们愿意和这样的人结交,也愿意支持这样的人。

再次,它可以使人拓宽思路。很多时候,试着解读对方的意图,表示理解的那个过程里,换位思考使得人的头脑一下子清明起来,俗称"开窍"。沿着自己的思路很容易走到一条太过执着的路上,忽视了其他可能。当矛盾显现的时候,其实是最好的提示——这个事情说不定有其他的可能。世事无绝对,脱离出固化的思维,获得一种新的启示,应该被看做收获而不是付出。假使我们能经常锻炼自己试着理解对方的想法,接受他们的感觉,就会发现自己的视野变得无比宽阔。

同时,它还可以让你培养涵养。情绪管理经常会要求我们,很生气的时候想要说一些话,先在心里默数三秒再开口。这个行为其实是表明人在冲动的时候,说的话做的事情非但不理智,还有可能因为这样愚蠢的行为造成对自己和他人的伤害。表示理解比默数三秒的方式更加积极,后者是一种控制,而将你对他人的意图揣测表示出来,其实就是一种沟通,让双方都能再审视其中是不是有可以转圜和达到双赢的可能。在试图理解对方的过程中,人们会显示出一种非常有涵养的气度,它是气场修炼中很重要的一种方法。既能将问题简单化,又可以培养一种令人喜欢的气场,何乐而不为呢?

最重要的是,它有助于求得答案。所有的冲突都不是为了让双方遍体鳞伤,最终还是希望有一个结果——一个正确的答案。虽然赢—赢是最美满的结局,而且双方互相理解的过程中可能会寻找到另一条更合适的路,但大多时候会是输一赢的一方妥协。这里有个很重要的前提就是,有人愿意为利大于弊的结果买单。哪怕有所付出,也不见得要搞到惨不忍睹。所以丝毫不愿意去理解对方的立场,无谓的争执和固执己见,只会将冲突变成一个死循环,耗尽心力却没有收获。与其这样,不如看哪一种退让能够换来更大收益,这才是聪明的选择。商场、职场、情场……所有与人打交道的地方,赌气是最大的赔本生意。

理解不是我们愿意为对方想想就能做到的,很多人想破了头,真的很希望能想透,却无论如何也理解不了。是不是不同的大脑想要达成共同的感受,真的就那么难呢?接下来,我们来瞧瞧如何练就自己理解他人的能力。

(1)先做情绪管理。急躁,是在越来越困难的交流过程中很容易滋生的一种情绪,它会让人情绪激动,脱离理性,逐步不再以客观的视角去衡量事件的利弊,而是完全由着自己的感觉,作出一些很可能是莫名其妙的判断。这种情况显然是对双方都不利的。假如真的希望解决问题,不论要谁退让,谁先理解谁,都必须安抚双方的情绪。让自己平静下来可能容易些,深呼吸,再深呼吸。而想让对方平复的话,我们能做的或许只有想办法中止刚才那个让争端升级的话题,比如说一句"我们先冷静一下,稍后再谈这个话题吧"。

(2)再来分析事件。不得不承认,我们那些所谓正确的判断,多半是出于相当利己的考虑,所以很少有人能全面地思考整个事件。然而有太多事实表明,很多时候这些"自私"的眼光很狭隘,并没有为自己赢得什么。完美解决一件事好像获取一个蛋糕,事件本身才是关键,完成得越好,蛋糕就越大,那么我们自然能从中获得比较大的一块。假如早早划定自己手中那块蛋糕,丝毫不去管他人,很可能到手的东西也要被抢走。

(3)思考对方的意图。矛盾发生时有个很可惜的思维模式是"以小人之心度君子之腹",总将别人的意图想得恶毒无比,然后就有莫须有的担心,觉得一定不能遂他所愿。我们当然不能排除对方极度自私的可能,但是最关键的是,我们要知道的是在这样的意图下,他们到底想要得到什么。客户和销售人员的纠结,是因为一方想要成交,一方觉得钱可能花得不值;老板和员工的龃龉,是因为一方希望用更少的成本拥有更高的绩效,一方觉得自己的价值被低估……假如能够在双方的需求中提炼最关键的那一部分,那么双赢绝对有可能——有些不必要的需求是可以放弃的。

(4)表明自己的感受。接受对方的感受,而不见得认可他的行为,同样能让人觉得很窝心。Sally 失恋了,这两天工作心不在焉,连续几个邮件都发送错误。她的主管找她谈心之后,告诉她:我完全能够理解你现在很难过,也提不起精神做事情,只不过,假使你的生活有低谷已经很不幸,原本很好的工作状态和口碑却因此受到影响,也陷入困境,那才是真的不值得。而 Sally 也理解领导希望她能在工作中振作,对自己和公司都是好事,于是双方协调,Sally 获得三天假期去散心,回来以后基本能全身心投入工作了。这就是双赢。

(5)达成彼此谅解。永远要记得,人际交往虽然不可避免会发生碰撞,但碰撞始终会导向两种可能:一种是小矛盾升级为大冲突最后不欢而散,这显然不是我们想要的结果;还有一种好的可能就是,碰撞让我们意识到人与人是不同的,需要停下来理解对方,这能帮助大家都获得成长。谅解不是委屈自己,宽容不是放低自己,理解不是压抑自己。寻求共同成长,是互相理解最大的意义。

理解力锻炼的不是模仿了就能学会的技能,而是一种看似没有规律,要由自己深切体会的思维可能。不过,想要学着理解别人也很简单,只要记住这样一个宗旨,或许一切都会豁然开朗:感受和情绪是没有对错的,想要寻求共赢总是能找到方法。

适应偶尔的孤独

体谅：再好的朋友也有自己的生活

"宅"，是现在很多人在私人空间里的状态，他们有电脑或是电视，有一本书一杯茶，有一个烤箱一个厨房……都能变幻出许多乐子来打发时间。有专家担心这些宅男宅女们会不会有社交障碍，其实，只要不是害怕面对别人，无法和人沟通，偶尔让自己这样孤独一下也没什么不好。静静地享受一个人的空间，现在也并非那么容易的事情。我们有同事，经常加班不说，下了班说不定还要应酬客户和老板；我们有爱人，本来已经把大部分时间给了事业，还要抽出时间给家人；我们有朋友，开心不开心的事情拿出来分享，放松心情，感受温暖……于是，也许有一天突然要一个人待着，不会"宅"的人竟然不适应了。

本书从头到尾都在讲人际关系，但有一件事我们在这里要澄清一下：好的人际关系不是说一天24小时都有人和你在一起，或者总是热热闹闹，朋友随叫随到。

最游刃有余的人际关系，是能够在欢庆热闹的场合里放开自己，享受快乐,哪怕有时候几近疯癫也不怕真情流露;能够在职场或者商务的正式场合控制自己,表现优雅,并且聪明应对各种突发状况,更能够在偶尔孤独的时候静心思考,哪怕没有朋友的陪伴也能把生活过得很精彩。

我们都会有一些特别好的朋友,好到有时候会误解彼此过着一样的生活,不能也不会分开。但是事实上,谁都有自己的生活,陪伴在一起的时间长短真的不是衡量感情的好标准。

正常的生活,朋友、家人、工作是相对均衡的,这样才能让人有比较强的幸福感。如果有谁只和某几个朋友联络特别密切,却几乎没有其他交往圈,那不见得就是好事。因为这种现象可能显示出除了气味相投的人,他不愿甚至不能接触更多不同的人,并且很好地经营彼此的关系。比如所有心事只能和闺蜜说,但是回家之后和父母却相对无言的人,对亲情的经营显然有缺憾;那些泡夜店的时候很狂野,上班面对同事却紧张得哆哆嗦嗦的人,不太会拿捏展示自我的分寸……

每个人必须有足够的圈子让自己适时调整角色。在前面讲安全感的章节里,我们提到过可以在生活和工作中分别建立圈子,但是如果你想让自己过得更加充实,能够应付突如其来的孤独感的话,圈子可以进一步细分:

(1)事业伙伴。他们可能是你平时接触最多的一个人群,然而微妙的是,你们看似熟悉,却彼此又保有许多秘密。在这些朋友面前,你通常应该是干练和略显理性的形象,不能太过放肆。

(2)家人至亲。随着年岁的增长和工作的繁忙,你可能发现自己和这个群体的接触变得少了,甚至连个能聊的话题都比较难找(代沟是永远存在的)。但是千万别因为习惯而忽视他们,因为最关心你的人是家人,最能够让你放心倾诉和休憩的地方是家里。没有话题聊没关系,有心沟通的话,对方一定能体会到。

(3)历届同学。这种感情特别微妙,在一起的时候可能交情根本不深,一定要各奔东西后再次相遇,很多回忆带着那份情谊才会突然间爆发出来。除了由小到大每个班上的同学,有时候参加一些培训或是自己感兴趣的进修班也会结交一些同学。他们没有朋友那样亲,又有着很容易拉近的距离,是人脉圈里非常重要的资源之一。

(4)休闲搭子。叫上三五好友去K歌,呼唤几个伙伴一日游,约会一拨人去旅行……你们之间有许多共同的兴趣,在一起的时候也都是愉快的回忆。不过你要知道的是,这种近乎"酒肉朋友"的圈子,在没有深入了解之前,只适合陪同你放松,而不见得是最好的倾诉对象。你一定要明白,有些人只是点头之交,有些人可以两肋插刀。

(5)交心密友。这是我们依赖得最深的一个圈子了,因为你发现,面对有些人,敢说的话他们听不懂,对有些人却又不敢说太多。只有眼前的这些人,你们有着几年甚至十几年的交情,知根知底,无比信任。也恰恰是在脱离这个圈子里的人的时刻,孤独感特别强烈。

将圈子分清,知道自己和谁走得更近,和谁不过萍水一聚,就能适应别离和独处,不会特别容易感到孤独。而且,这些圈子多半不会重叠得很深,当其中几个圈子里的朋友无法相伴的时候,还有很多候选人,这可是相当幸福的一件事。

然而无论如何,总是要准备好,如果谁都不在身边,一定要独处的时候,到底该如何让自己的生活更健康更美好。

首先要搞清楚自己为什么会落单。比如你原本和朋友约定周末一起去钓鱼,但是,他的太太突然发高烧需要他照顾,这个时候的落单再正常不过了。但是假如你发现自己每个周末都是孤零零在家里宅着,没有人打电话约你出去玩,你也想不到能够主动和谁约会,甚至连公司加班的机会都没有,那就要好好反省一下自己的社交状态到底是不是出了问题,才会这样没有人缘。建议大家整理一个落单的频率和原因表(比如以每个周末为截止点)。我们试着看看下表来分析一下。

时间	约会项目	约会对象	成功与否	成功/爽约原因
第一周	联机网游	同事	×	不喜欢这个游戏
第二周	动漫展	心仪女孩	√	喜欢看动漫
第三周	联机网游	大学同学	√	组队玩了好几年
第四周	网球运动	同事	√	想要运动一下

通过这个分析我们就能看到，项目、人选、时间的安排都非常重要。如果某个男生约会自己喜欢的女孩去打网络游戏，很可能会被拒绝；或者想要和自己的男同事一起去看一场爱情电影，也会被视为奇怪的举止。所以，有时候落单是因为客观因素，因为朋友们没有时间，而有的时候，可能恰恰因为你实在不很懂得安排活动。

组织有趣的约会是可以学习的，但是当落单已成事实的时候，我们还是要来看一下到底该怎样为自己安排，让时间和心情都很充实。

如果你有前瞻意识的话，可以先给自己列一张单子，比如最想做的10件事。这些事情是平时和朋友家人一起没时间做，但又的确非常感兴趣的。网络上有很多相关的清单，供大家参考：

（1）尝试一道新的菜式，按照自己的口味来做，变成只有你能做出的味道来；

（2）看一部电影（最好是在家里拉上窗帘来看，而不是去电影院看），认认真真体会每一个情节，甚至可以把喜欢的场景反复回顾，笑和哭都可以很放肆；

（3）读一本书，没有人打扰（什么工作应酬统统丢到一旁），感觉与自己心灵对话的宁静；

（4）放一张喜欢的音乐大碟，泡一壶功夫茶，悠悠然过一个下午；

（5）在网上逛逛淘宝，将自己看中的所有东西放进购物车（你可以选择最终不支付），彻底过一把血拼的瘾，因为没有人会催你或者作过多点评；

（6）把房间打扫一遍，扫走的不仅是屋子里的脏东西，还有坏的心情，你会觉得眼里和心里的世界都是干净清爽的；

（7）在手机或者电脑里装一个K歌软件，没有人和你抢话筒，不用在乎音准，只是唱自己喜欢唱的歌；

（8）做运动，让自己出一身汗，感觉畅快而轻松；

（9）找一家非常不错的自助餐厅，把最贵最喜欢的东西吃个遍，不用担心谁嘲笑你是吃货；

除了这个清单,可能你还会有一些和朋友在一起的时候的特别记忆,虽然那时是一群人在体会,现在你可以考虑回忆其中 5 件或者 10 件让自己感到最快乐的事,然后尝试自己一个人来体验。

当然,有的时候你可能在面对孤独的那一刻,还没有准备好自己的心情,也许被放鸽子觉得很生气,或许因为情绪低落而感到茫然,所以,好像什么事情都无法让你提起兴趣。那么这个时候,试着将一天的时间分成若干段(一般以 1~2 小时为一个单位),每个时间段里做一件事情,必须认真地去做,哪怕没有兴趣,也好像学生们还没有下课那样坚持着。慢慢地,这种方式就能够调试你的心情,并且帮助你找到独处时候最适合的消磨时间的方式。

学会独处,不是要你隐遁,不是强求出世,而是让自己的快乐收放自如,心里可以装下满满一屋子朋友的喧嚣嬉闹,也享受得了一个人在这个大千世界里不染尘埃的静谧。

自省:自由的时间是进行自我审视的机会

孤单是一个人的狂欢。有时候我们会发现,那些伟大的人,通常总有一些时刻是独处着,有一个只属于自己的世界,不受外界一切的打扰。这种孤独是自由的状态,而在这样的时间里,往往就能渐渐累积出不同的习惯,塑造成不同的人。修炼,自省,或是耗费时间浑浑噩噩,最终就能区分一个优秀的人才和一个碌碌无为的庸才。

这当然不是让你一刻不停地埋头学习,在前面的章节中我们提到的一个人独处的时候可以做的那些事情,有利于愉悦身心,启发思考,也不失为一种修炼(总好过整天睡觉或者看电视剧、狂玩网络游戏)。但是,最好的自我成长是审视自己的内心,自省,然后觉醒,最终完成修行。

所以当你刚刚开始感觉孤独的时候,其实是内心最敏锐的时刻,别急着给自己安排活动,好好地享受那个时刻,给心灵和大脑做一个放松的 SPA,将其荡涤得清澈纯粹。这里的孤独,绝不是简单地指你一个人待着,比如整栋办公大楼里空荡荡的,只留你一个人还在那里加班,这种感觉可能更接近于寂寞。

能够让人自省的孤独,不单单指身边没有人,还指心里要放空,不受约束。这个时候,孤独其实是用于享受的。因为此时你会发觉,自己渴望的、恐惧的、不舍的,都越来越清晰。自我审视,然后将心灵与宇宙(自然)连接,以获得启示与成长。

学会自我审视有很多好处。

(1)整理需求。现代人都很忙,可是有为数不少的人真的一直都在"瞎忙",要么就是因为他人派过来的一个又一个任务而不能停歇,要么就是一会儿一个念头把自己搞得晕头转向。我们到底想要的是什么,那个明确的、坚持的、让人为了它而一直不放弃的追求,被各种诱惑掩盖了之后,藏在内心最深的地方。可能也只有在自省的时候,才能摒弃诸多干扰,真正找出自己的需求来。你可以这样问自己:如果哪天阿拉丁神灯里的精灵许我一个愿望,我是不是真的能够马上脱口而出,并且不会因为胡乱许愿而后悔呢?

(2)释放情绪。想哭得像个孩子一样放肆,想笑得像个疯子一样畅快,人前你或许不太有这样的机会,那么独处时就好好释放一次吧。有很多帮人做心灵疗愈的沙龙或者工作坊,就是在那个密闭的空间里(当然有时候会有一些目标相同的人一起观摩),让参与者通过回忆、想象等方式,寻找到最真实的自我,然后能够大哭一场。在这之后,内心的很多郁结被解开,整个人有种豁然开朗的感觉。我们总是被教育要懂得管理自己的情绪,但是也别矫枉过正到不懂得合理地表达自己的感受。

(3)平复伤痛。就好像在战场上最好不要让敌人知道自己受伤,要坚持作战到最后一刻,直至打败对方,然后才能松下一口气来给自己包扎伤口,我们的生活和工作也会有相当的不如意,却始终不敢也不能流露出太多的痛楚,因为场合不对。然而,粗暴地压抑伤痛毕竟无助于真正将它治好,所以找一个没有人的地方,检查一下伤口是在渐渐愈合还是已经发炎溃烂。我们终于找到一个能够直视它的机会,看到伤痛才有对策使之平复。

（4）总结优势。有时候我会想，我们是不是真的有想象中那样了解自己。到底适合从事什么样的工作，假使参加某项比赛有多少必胜的把握，或是想要谈一场恋爱的话会吸引哪种类型的异性……可悲的是，这些问题中，有一大半的答案竟然是"不知道"。这种状态显然是不对的，每个人身上都应该有很突出的优点，自己要比别人清楚得多。可是我们却习惯了领导告诉自己"这个工作你能胜任"，朋友建议我们"这个人应该和你相当谈得来，你们一定会来电"……旁人的建议固然是好的参考，但是，毕竟要有一个时间让自己静静地和内心对话，看一看自己到底有多优秀。

（5）改变缺点。看得到优势，自然也需要了解弱势。我们在社交场上最尴尬的境地就是，人人都说你是不错的人，你却很难知道自己到底什么地方打动了别人；遇到他人和你保持距离，你又不了解是什么原因让人不喜欢你。除了那些最真的朋友会告诉我们实话：你这一点我超级喜欢，但是那个缺点会让我发疯。但是仅靠他们的指点是不够的，一来因为个人的视角太主观而有局限，二来更可能他们比较宽容。只有自己冷静面对自己的缺点，一项一项地找症结，一个一个去改善，才是最积极的态度。

（6）积聚能量。疲惫的时候你会做什么？休息。独处的一个功能就是恢复身体和心灵的能量。无论是泡个温热舒缓的澡，还是美美地睡上一觉，又或者点上香薰放一段轻音乐，只是冥想和放松，都是给自己"充电"的方法。为什么只有独处时恢复能量的效率最高呢？主要还是关注点够集中（很少有人在他人打扰的情况下能全身心投入一件事）。试想你一边给手机充着电一边还在玩游戏，充满整个电池所耗费的时间会不会比单纯充电更久一些呢？

或许你会觉得"自我修炼"的感觉听起来有些偏向灵修，而且恰恰又不是很喜欢也不擅长这种方式。没有关系，在这里我们会提供两个版本的方法让大家来尝试。第一种是简易版，灵觉强的人可以采用后一种方式，最终的目的，都是让人放松和内心明白通透。

1. 15分钟简易版自我修炼

第一步,回忆近三个月里最有成就感的事情。事情是什么时候发生的,当时自己是怎么做的,有没有遇到过什么困难,是如何渡过那些难关的,当时有没有其他人在场,他们是什么动作和表情,你的感受是怎样的……尽可能将所有的细节都回想起来,重温积极愉快的感觉,为自己的内心注入能量。然后,写下一个你最想感谢的人的名字,一个你最想与他分享这些成就的人的名字,默默对他们说谢谢。

第二步,罗列出近三个月来感到遗憾的事情。一点一点地回忆,这件事情开始的时候你的心情如何,整个事情是怎么进行的,在哪个环节出了问题,当时你有什么样的感觉……尽可能将过程具体化。如果让你安慰一下当时的自己,你会说什么,做什么。当完成所有的回忆时,在纸上写下三个代表你当时心情的词语,然后将那张纸撕碎。这个步骤是清理内心不愉快的记忆。

第三步,想象近三个月里最想做的事情。你期待什么样的结果,你会如何完成这件事,你需要什么样的资源,你会希望谁协同你一起完成,达到目标时你会有什么样的感觉。这个步骤是让我们懂得区分过去、当下和未来,同时给自己带来希望。

三个步骤都完成以后,在心里对自己说"谢谢,加油!"

2. 30分钟以上灵修版

首先,给自己找一个最舒服的姿势(最好是坐着,因为躺着的话身体就过于放松了),保持深呼吸,感觉鼻腔里吐出温暖的气息,吸进体内的空气凉爽而清新。一边呼吸,一边缓缓地把眼睛闭起来。这样的呼吸保持10个来回以上,然后逐渐放松身体每一寸肌肉。当你觉得已经完完全全放松的时候,想象自己面前有三扇门,第一扇门上写着"快乐",第二扇门上写着"忧伤",第三扇门上写着"希望"。

现在,走向第一扇门,以最慢的速度推开它。一边推,一边感受你听到了什么,看到了什么。深深地体会那种感觉,记在心里。如果脑海中那幅画面不够清晰,就想象推开门的时候有一道温暖的光照亮你眼前的世界。你在第一扇门内逗留了一会儿,感受到那种喜悦的氛围,走出来,推开第二道门。

依然是缓缓地看着里面会发生的场景。仔细地去观察,好像看一部悲伤电影那样投入。感觉你的心沉下来那一刻身体的感觉,仔细聆听内心的声音,它对你说什么,你的呼吸是什么状态的,你有没有想要流泪的冲动。假如有眼泪,就让它流出来,不用去擦。感觉眼泪带走身体里面所有污秽痛苦的东西。假如没有眼泪,想象一道温暖的光打在身上,让整个身体透明起来。悲伤的记忆存在的地方,身体感觉疼痛的地方,是黑色的沉积。让那道光在黑色部位照耀,感觉那些沉淀缓缓散开,飘离你的身体,直至你的身体全然剔透。带着轻松的身体走出这扇门,进入第三扇门。

这扇门里面是你想象不到的场景,一个又一个彩色的气球飘荡着。随手拿下来一个,将你最想实现的愿望说给它听,然后放它往越来越高的地方飞走。如果有别的心愿,换一个颜色的气球放飞。当你许下所有愿望之后,从这扇门里走出来。

确定三扇门都已经牢牢关上,然后重复5次绵长的深呼吸,最后睁开眼睛。

想念:不常在一起的朋友,心依然很近

人们在热闹欢快的时候,通常只是"想到"某些朋友,而一旦孤独感侵袭,内心空荡荡的时候,生出的那种感觉才叫做"想念"。

难得有一个感到孤独的时刻,不如来整理一下自己的朋友之中,哪些是你最想念的。不要翻看手机通讯录,就这么安安静静地想,因为只有这种方式才能让你知道自己内心最牵挂的人。这些人一定会勾起你很多回忆,有美好有感伤,把他们的名字写下来,趁这个时候来一次朋友大整理,既能打发孤独的时光,还能够将你的人际关系梳理得更加顺畅。

先来看看你为什么会想念他们吧。

鱼丸在一个深秋的下午突然特别想念自己同寝室的哥们儿猴子。彼

此的外号就是他们互相取的,虽然整个寝室里吵得最厉害的是他俩,但是感情最好的也是他俩。毕业以后在不同的城市工作,联络得不多。只不过本来说是要加班,临出门老板打电话来说他今天不用过去了,活儿给别人做。无聊之间在电视上看了一部老电影,有点冷门,某年生日猴子跑了好几个音像店才找到这张碟送给他做礼物。突然间,一个30岁的男人眼眶居然有点湿湿的。

晓晓从南京回来以后情绪很低落。虽然才分手3天,但是她觉得和豆豆还有苗苗像是又隔了多年没见。她们是她最要好的朋友,从小一起长大,只不过她嫁到北京之后和她们聚在一起的机会比较少。这次和先生一起去南京,撇下五星级酒店不住,和苗苗一起挤在豆豆那里,彻夜卧谈,兴奋得仿佛回到了少女时期。

大伟喝完第二杯咖啡,抽完手里的烟,突然间就想到了小刚。他觉得自己是不是作了一个很愚蠢的决定,居然批准了小刚的辞职。整个团队少了这样一个人,很多感觉都不对了。这个孩子虽然有时候喜欢和他顶嘴,总是叫板自己的薪水太低,但是每次会议总能给他带来一些惊喜、创意和思路。就像今天,大伟开完会,和以往一样留下来喝几杯咖啡,整理一下手头的工作,发现那个会推开他办公室的门大大咧咧说"领导,你不觉得我们两年没有加工资是不对的吗?"的愣小子已经不再是他的员工了。

....

类似的场景还可以罗列出很多。不同的情境、不同的心境下,我们想念一些朋友的感受也会不一样。如果大体作个归类的话,最常见的应该是以下三种:

1. 触景生情

孤独总是让人的神经特别敏感,容易伤怀,所以相似的天气,熟悉的歌曲,经过某一条街道……仿佛一瞬间很多画面就像电影一样在面前展开,最关键的是,它们会带出一张熟悉的脸——你正想念的那个朋友。

2. 特别在乎

谈过恋爱的朋友们应该都能多少回忆起热恋时候那种难舍难分的感觉,刚刚在家门口分手,过不了几分钟又想打个电话,而且是一顿特别有火候的电话粥。在乎,就是会特别放在心里的感觉,平时因为工作或琐事而掩盖,或许还没有那么容易爆发,但是孤独带来的脆弱无力会让人对那些重要的朋友尤为想念,这和距离无关。

3. 担心失去

吵架、离别,这种最容易导致老死不相往来的可能,往往容易检验出感情的深浅。有些人不联系了就淡忘了,根本不会使人伤感,好像一出无聊的电视剧到了尾声,莫名其妙看完也就算了,不会入戏,不会可惜。如果会怀念,那么这些朋友一定是非常重要的。

一个人孤孤单单地想念,未免显得凄惨又没有意义。对朋友的思念只代表一件事情——你应该多多和他们保持联系。所以,看看那张你罗列的朋友的名单,整理一下自己最近和他们联络的频率和方式。

你很想念一个人,但是你们上一次联系是在一年之前,并且还是对方打电话给你祝你新年快乐。这个时候你必须好好反省,为什么在对待朋友这件事情上,你居然这么不主动。

你正在想念的这个人,你们联系得很频繁,每周都会聚餐一次,平时在网络上也会交谈几句。这个时候你要警惕,是不是对他太过依赖,工作生活上必须有他来听你倾诉、给你意见么?是因为你没有足够多的朋友,还是你只是习惯于这样一种人际交往的方式?请记住,我们不可能只有几个朋友,扩宽人脉圈是永远的功课。如果你的其他朋友和你谈不来,那就努力把他们变成能聊天的伙伴。

曾经有一句话很触动我:思想是不会产生变量的,只有配合了行动才可以。所以我们发现自己原来有一些朋友很能牵动自己的情绪,让我们想念,但是只是自己知道这种思念的煎熬是没有任何意义的,你需要拿出实际行动来。

当然没有让你冲动得直接跑去见他们,因为想念的程度和原因不同,朋友的交情不同,不一样的动机,要有不一样的对策。以下四步行动可以让我们与那些不一定在身边的朋友的心的距离越来越近,现在就试试吧。

第一步,设想一下如果现在你想念的朋友突然在你面前出现了,你会对他们说什么,或者做些什么。

有些人对人际关系经营得不够好,主要是因为不会表达。明明是很在乎的朋友,明明是很崇敬的师长,却不知如何让对方知道自己对他们的感觉。我们可以用这个方式来锻炼人际交往的存在感,否则你可能会失去极好的机会。好好运用你的想象力想一想,你正在想念的这个朋友如果打电话给你,你会和他说些什么,最好在心里自问自答这样一通对话(这就是一种表达力的锻炼,能够检验出你对朋友的了解,同时也让自己习惯说出内心的感受)。或者如果他在你下班的路上拍拍你的肩膀,你除了愣住,瞪大眼睛表示惊讶以外,还会做些什么?比如会不会狠狠地拥抱一下,然后亲热地拉着对方,再相约去某个小饭馆坐下来好好聊聊……想得越细致,今后和他们的接触就越自然。

第二步,根据你列出来的想念清单,在每一个朋友的名字下面写出五个对他们的形容词。

(1)有点"二",特别会玩,对美食有相当的心得,有异性没人性,长得圆滚滚。

(2)看着像淑女其实很疯癫,不太搭理陌生人,生活规律得可怕,不爱吃辣,从来不穿裙子。

以此类推。你会发现原来这样去回想朋友们,情绪会一点一点积极起来,那种孤独的感觉会逐渐淡化。更重要的是,原来你的这群朋友有那么多可爱的特质,优点缺点都很明显。你喜欢他们的地方,他们身上你受不了的恶习,渐渐清晰起来。然后你明白自己如果有一天和他们再见,一定要把这些有趣的形容告诉对方,看着他们得意忘形地笑或是佯装生气暴打你一顿都是很幸福的事情。

第三步,根据想念的程度、联系的频率、你对他们形容的褒贬比例,以最感性的方式(就是凭你的直觉)给他们做一个排序,看看你最想见的和你最容易见到的分别是谁。

有些人你特别想见，很可能是因为太久没见并且太难见，比如他们已经漂洋过海。有些人你想念是因为他们太有趣，时时刻刻会给你带来惊喜。没有太明确的标准，你的这张最想念的朋友清单上已经有了很多内容，你的回忆，你的感受，你联系他们的习惯和频率，你喜欢他们的程度，都可以让你有一个新的判断，如果现在有空的话，你最想见的那个人是谁，他又是否很容易就能见到？假使答案是"yes"，那你还等什么？

第四步，打电话给排在第一位的朋友，和他约定一个聚会的时间。给其他在名单上的朋友发个短信或者邮件，告诉他们你的想念。

不用担心你这通电话会吓到他们，朋友本来就是很了解你的人，知道你为什么会突然感性，说不定这时他们恰好也在想念着你。哪怕这时的你和平时有一点点的不一样，被人惦记着总是很美好的感觉。至于那些短信，你不用写得很肉麻，简单地告诉他们你在什么样的情况下想到了他们，问问他们最近可好。收到的人一定会觉得亲切和感动。

这个世界变得越来越小，可怕的是人心有时却越来越远。幸好内心的想念提醒着我们，有一些朋友，即使不在身边，心却从来没有离开过。

下编 | 梳理人脉

赢得更广的人脉

参与圈:这是我和大家的舞台

打开自己的电脑,看一下某个硬盘里文件夹的命名和分类是不是逻辑清晰、简单明白。你在使用聊天工具的时候,有意识地看看你的好友分组,是一大串名单放在一个组群下,还是同事、朋友、家人分得清清楚楚。假如你是个不太会归类的人(或者你根本懒得做这个事情),那么接下来的时间里你可能就要好好地锻炼这项技能。我们有太多的朋友,看起来都很铁,似乎在你的感觉里找他们办点事情,约他们出来聚聚,都是很自然的事情——就好像你以为能凭记忆在一个乱糟糟的 D 盘里面找出两年前的一个文档来——然而事实不一定像你想象的那么简单。

清晰地梳理人脉圈的结构,就好像一次全盘整理,你会发现这绝对是一次磨刀不误砍柴工的事情。

首先,它让排序更加科学,不但信息容易找到,而且能腾出足够的空间来。或许你的手机通讯录是按照拼音来给人名作排序的,但是一些特别常联系的朋友你或许会用星标把他们提到通讯录最顶端,哪怕手机的功能不足以做这样的设置，还可以在名字前面加上 ABC 等字母前缀（在智能手机没有出来之前，这个方法还真的挺管用）。对朋友圈的梳理比这个要复杂一些，你可以按照自己比较习惯的分类方式，按联络频率，接着按他们和你的关系，然后再尝试更细分一下星座血型或是所在地域等等。我们的人际关系都是有"用"的，它不是一个个名字的罗列，而是各个圈子的交集，只有通过这种梳理，才不会让你过了很久以后才突然想起，原来你大学同学的太太是个有名的产科医生，而你夫人怀孕时却还因为预约产检的事情好一番折腾，当时自己感慨没有"认识的人"。

并且，一个明晰的逻辑层次比较利于进行分析。我想很多人都用名片簿，但是使用的方式极为原始——将名片一张张插进去，多半就是按照收名片的时间先后。更有些人，包里收集了厚厚一叠名片之后，觉得太占地方才想起来塞进名片簿。如果你是这样对待这些资料的话，总有一天会发生令你痛苦的事情，比如想要找一家酒窖的老板询问拉菲的进价，明明知道自己有他的名片，但是对着厚厚五本名片簿头疼。如果你给名片簿贴上标签，工作上有联系的人，同学和他们的家属，私人空间里认识的人……你会发觉找人变得容易。这个不是关键，更重要的是，通过这些标签你一眼就能分析出自己的人脉圈集中在哪些方面。地道一些的做法，就是把这些名片的资料全部录入电脑，用 Excel 工具进行分类，找起来会更加轻松。

最后，你手头的人脉资源优势在哪里，有没有什么缺憾也一目了然。当你打开整理得清清楚楚的人脉档案，你发现自己认识一大票时不时就要飞到香港、巴黎的"飞人"朋友，突发奇想其实可以兼职搞个淘宝店做代购；再一细看朋友圈的组成，你就意识到自己至今没有女朋友是因为 80% 以上的朋友都是男性，而且他们的圈子里也几乎没有女性朋友，搞 IT 的，搞工程设计的，甚至还有一个烟斗爱好者沙龙……看来接下来你得参加一些女孩子们也常去的社交活动，比如品品咖啡看看话剧甚至是去看看时装发布会。接着你可以有意识地给自己想拓宽的人脉圈留一些空间，比如专门有一本名片簿收集猎头和 HR 的名片，你希望能在三年的时间里把这本名片簿塞满,于是,接下来你人际交往的重点在哪里也就显而易见了。

整理你的朋友圈的结构,这是初步的人脉梳理,接着你需要好好思考的是你在这几个圈子中的参与度。找出一个参与得最深的圈子,再来看看哪一个是你几乎不怎么接触的,务必能够总结出这些朋友圈的特点来。

试试看以下几个问题你能不能很好地回答出来。

(1)你们是一群什么样的朋友?"这些基本上是我在旅行时候结交的朋友,我们平时不怎么见面,但是只要碰到长假,都会提前约好去哪里旅游。我们对彼此了解得不算深,但是我知道我们都很热爱生活,也懂得劳逸结合。我们中的大部分都是单身,只有老梁和佩姐成家了,他们有时会带自己的另一半一起参加我们的活动。"如果你能这样清晰地回答,证明你在经营自己的朋友圈时是用了观察力和思考的。有很多人对这个问题可能只能简单地答出他们叫什么、他们做什么。显然,"朋友"的定义不仅仅是知道名字和职业以后就可以轻易确定的。

(2)你们的目标是什么?不见得要多么伟大的愿景,但是一群朋友聚在一起肯定是有原因的。如果一种聚会成了比较常态的习惯,那么吸引大家相约的,就是你们共同的目标。知道这个目标的好处在于你能了解这个圈子的凝聚力到底有多强。比如"饭搭子"这样一个团体,基本上就是为了在午餐的时候避免独自用餐的无趣,成员不一定永远固定,其他时候也不太交流。所以一开始甚至这都称不上一个圈子。但是假如其中某几个人因为吃饭时间时互相了解,越来越对彼此感兴趣,还能够一起聊聊公司的管理层风格、行业的发展,或是切磋一下育儿的经验,那么这个人脉圈就逐渐形成了。如果你懂得和朋友培养感情,一个简单的目标也可以造就出一个强大的团队来。

(3)你们所拥有的资源是什么?小A对观察人性特别有心得,小B的父亲在法律界认识很多人,小C是个销售高手……我们对圈子里每一个成员了解得越详细,这个圈子最大的特点和优势就越明显。看起来有一些现实,好像"有用"对于我们挑选朋友非常重要,没有丁点儿资源的话都没有资格做朋友似的。其实,我们不如这样理解"资源"的含义:它是在既有的这个朋友圈子里,以积极的眼光看待每一个人,发掘大家的优势,然后将这些优势用在我们的目标中,而不是反过来,只选有"价值"的人做朋友。懂得发现优点和价值的人才是智者,否则即便是人才也会被埋没。

(4)你们的影响力中心是谁?你们有没有定期的活动,这些活动通常由谁来组织?当朋友们的意见有冲突的时候,谁来协调矛盾给出解决方案?有圈子有团队,就应当有一个影响力中心(或者有几个也不是大的问题),他的存在使得团体成员的归属感更强一些。更关键的是,他能够让大家习惯于遵守游戏规则。不太贴切的形容就是,总要有个人说了算。如果不清楚影响力中心或是没有影响力中心,所有人的意见都被放在一个平等的位置上,对于团队的决策显然是不利的。

(5)你们有没有共同的缺点?我们不一定特别在乎大家都有的优点,但是共有的毛病一定要非常清楚,这就是团队的"短板"。暂时改不掉不是大问题,知道哪里有个坑,至少能避免我们直愣愣地冲过去然后跌倒。这里有一个必须克服的障碍就是,对于这个缺点,大家不能只是心里明白,而要都能勇敢承认才行。正视问题是解决问题的第一步,没道理所谓朋友就是用来互相掩盖伤疤讳疾忌医的。一个人改变坏习惯可能非常难,但是大家一起将它作为敌人共同打倒的话,有互相监督,也有信心和动力。去看看那些嚷着要减肥但就是瘦不下来的女孩子,要不就是有一群吃货朋友互相安慰,要不就是整个圈子里只有她不够苗条。

(6)你们觉得还需要什么样的人脉?有句话很励志:你没有得到你想要的,因为上天帮你准备了更好的。通常人们用它来安慰失败者,不过这里我们借用一下它所蕴含的一个概念——假如你暂时没有成功,意味着你还缺少成功所需的一些东西。除了我们自身可以改进的地方,再看一下是不是需要更多人来帮忙,需要更多资源的投放。就好比徒手画一个标准的圆如果很难的话,为什么不尝试拿一个圆规轻轻松松完成呢?朋友不是工具,但是他们会带来工具;朋友不是万能的,但他们会带来可能。假如真的还缺少什么，那就努力去寻找和争取吧。

有人说，人脉就是钱脉。可见朋友圈对我们来说是多么重要的资源。不过也不必舍近求远去结交那些所谓的高端人士，经营好自己正在参与的圈子，你就是正在培养优秀的人才。你和你的朋友们越来越进步，将自己的圈子提升，接触到更优秀的人就水到渠成。

关注圈：有些人彼此知道但尚未熟悉

从 0 到 1 不是那么难的事情，从 1 到 10 就比较费工夫。我们在人际交往中最大的难题不是交不到好朋友，而是当自己的朋友圈子有一定规模时，经营人际关系的能力会影响这个圈子接下来的发展方向。有些人有了三五好友之后，人脉会越来越广，不但有与自己兴趣爱好相关的事业伙伴，还有一些平时没什么机会接触到但其实也很聊得来的朋友。但是有些人却发现，自己明明认识很多人，名片收了一沓，手机通讯录里也存满了，可是竟然没几个人能真正称得上是好朋友。

假如你的朋友圈不断变小，那么你就要检查一下是不是哪里出了问题。

在不同的时刻，我们的感受和需求不同，对朋友的关注点是不一样的，我把这时候有意识地交流得比较多的这个人群称为关注圈。这个圈子经常会发生变化，甚至有时候你关注的人恰恰是你还不怎么熟悉或者刚认识的人，当然大多时候，它通常锁定在你近期的工作和生活的重点所涉及的人身上。

关注圈的存在常常会影响我们对"圈外"朋友的关注，所以，当你进入关注圈的时候，要看看自己有没有犯以下几个错误。

(1) 对新朋友过于殷勤而忽略其他人。所谓"新人胜旧人"，可能很多人都会习惯性地把精力更多地用在刚结识的、特别感兴趣的人身上。也不见得全然是因为喜新厌旧，新鲜感固然是一个原因，但很多人是觉得刚结识的人彼此之间尚不了解，所以要多花一些工夫去经营，而那些很熟的朋友，完全知道自己其实和他们是相当要好的，根本不需要担心是不是够诚心,所以就不怎么刻意地表达心意了。这种心态有些类似于,老夫老妻了,难道还要天天说我爱你吗。但是事实上,哪怕有不用说出口的默契,也是需要用别的方式来表达的。你可能看到的是老夫老妻之间没有玫瑰和钻石,但是你却不知道他们每天为对方准备营养丰富的早餐并且睡前温柔地和对方说晚安。对新朋友可能要多花些心思打打电话,聚在一起聊聊,但是对老朋友也别长久不联系,时不时地发短信问候,天气变化时有个善意的提醒,都是必要的。

(2)和朋友的交流随性所至,没有固定的习惯。你会在什么时候和朋友联系一下?我想很多人都是在自己无聊了没有安排的时候,想到和他们打个电话约出来见见。这当然比总是在家宅着好一些,但是你最好懂得这样的道理:人际交往不是娱乐,把它当成一份事业那样用心经营,做好功课,才能收获好的成绩;临时抱佛脚虽然能押对几道题,但不会每次都得高分。你可以试着运用好一些社交的工具,比如QQ、飞信、微博、微信等,关注一下你的朋友们的动态,积极地进行评论,这样他们会感觉到你一直在关注着他们的生活,比打电话问候两句可能更加自然些。我有个朋友每周一都会群发短信给一些比较要好的朋友,一周一个主题,基本上以励志和带给大家好心情为宗旨,虽然很久没有见面了,但是我们都会感觉和她很熟悉,因为始终有一种在交流心情的感觉。

(3)对一些特别的信息不够敏感。朋友的生日、和爱人的结婚纪念日、公司的司庆日、各种节假日,同事喜欢的菜系、领导常订的酒店、客户喜欢的香水品牌、闺蜜生理期的怪脾气,你的牙科医生比较空闲的时间、门口保安师傅抽烟偷闲的频率、老板等电梯的时候喜欢坐哪一部……假使罗列出来,你会发现原来身边的人有那么多小细节,几乎每个人都有不同。所谓细节决定成败,有些人对这种信息很敏感,记在脑子里或者在笔记本里归个档,然后就能带给朋友们很多惊喜。我知道有个很经典的案例,是某个销售人员提醒她的客户三天之后是其母亲的生日,比较适合送老人家一个带有按摩功能的洗脚盆。这个客户就按照销售人员的建议这么做了,老人家感动得眼泪汪汪。结果很明显,这个销售人员自此拥有了一个忠实的客户。拥有一些死党从来都不是仅仅凭运气就可以的,你对他们关注越多,收获就会越大。

这个时候,我想你一定有了一些自己的体会——对我的朋友原来可以这样经营。恭喜你,这个时候你已经有了能力和精力将自己的关注圈稍稍扩大一点,延伸到朋友的朋友,就是那些你注意过但还未熟悉的人。

所有的人都有结识的可能,只不过有引荐者的话,这个过程会更加有效率。因为建立人际关系最难的地方在于产生信任感,朋友的介绍会在这个环节解决很多问题。那么我们怎样去结识那些知道但不熟悉的神交已久的朋友呢?一般可以参考以下五个步骤。

1. 找到一个合适的引荐者

除了人选是要考虑的以外,介绍朋友认识的方式也很重要。Sam在工作的时候认识了一个摄影记者,觉得这个男孩子各方面条件都还不错,想要介绍给自己的表妹认识,然后安排了一场极为正式的"相亲餐"。结果一顿饭吃下来,话最多的就是他自己,表妹和男孩子几乎都是低着头吃东西。倒不是对彼此没感觉,只不过他们都是"85后",特别讨厌这种赶鸭子上架似的相亲活动,所以投入不了。他太太也觉得这两个人有发展的机会,于是在生日的时候办了一个party,邀请了一些朋友(当然特地挑选的都是有家室的人),还让这对男女主角一起吃东西唱歌,其间还安排了真心话大冒险的游戏。因为人多热闹,加上游戏调节氛围,这一对很快就熟悉起来,并且互换了电话号码,随后的发展就水到渠成了。

2. 从介绍人那里初步了解对方的信息

每个人都有自己喜欢和忌讳的东西,在接触之前提前知道这些信息的话,有助于给对方留下一些好的印象。介绍人对大家都比较熟悉,自然是最好的信息来源。小林被大学同学告知A公司有一个培训管理岗位的空缺,同学建议他去尝试一下。同学的同事是个资深猎头,很了解这家公司的培训部经理,知道他觉得一个优秀的人才必须能够平衡工作和生活。于是小林面试的时候,在自我介绍中强调了自己在之前的公司遇到出差和加班的时候,如何和太太、孩子进行沟通,非但没有导致家庭矛盾,还让家人心疼和感激他为这个家付出的心血。最终,在条件差不多的竞争者中,他脱颖而出,顺利拿到 offer,而且薪水比预想中高出 10%。

3. 考虑一下你打算初次见面时给对方留下一个什么印象

不用怀疑,每个人至少有两个不同的方面,根据面对的对象不同,强调那个更适合对方的你。Elain 在电梯里和新到任的部门经理 David 打了个招呼,David 穿着一身杰尼亚的西服,戴一副金丝边眼镜。David 告诉她,周末要带她去见一个客户,然后加重语气说:你要好好准备。Elain 看看自己的背心和牛仔裤,觉得有些不好意思。周末的活动是高尔夫加一个晚宴,Elain 当天出现在球场上的时候一身休闲运动装,随身带了一套紫色旗袍配镶钻高跟鞋,邻家女孩和高贵淑女的形象都很相宜,客户对他们公司的品位赞不绝口。签完合同 David 告诉 Elain,那天在电梯里看到她的时候真不想带她去见客户,只不过领导极力推荐才"勉为其难"地答应了,直到看到她出现之前,还在为她的服饰品位提心吊胆呢。看吧,第一印象真的很重要。

4. 准备一个精彩的自我介绍和一些有趣的话题

我们在最开始的章节里提到的寒暄的技巧,在这里就能派上用场。让一个人对你印象深刻,外表只是第一眼的感觉,接下来很长一段时间(相对于看一眼的几秒钟,谈话可能要持续一两小时,甚至更久)里,决定了对方是为你加分还是减分。Cathy 不怎么漂亮,但是声音甜美,性格开朗,她初到 B 公司的时候在新人分享会上戴着面具用招牌声音作了自我介绍之后,说了一句:你们不会想要看到我的样子,所以我真的很想申请一直戴着面具上班。这种幽默感瞬间感染了大家,摘下面具之后虽不惊艳,但是大家都记住并且喜欢上了这个笑起来有酒窝的圆脸女孩。

5. 聊得愉快的话尝试和新朋友单独约会

介绍人把你带给他的朋友,好比父母将孩子送到学校,总是要放手的。所以朋友的朋友假如挺聊得来,就要学着不再依赖引荐者,尝试着单独和新朋友约会。只要不是恋爱,其实无所谓谁先提出新约会的邀请(因为很多人建议刚开始恋爱的时候女孩子不要太主动,我们姑且参考这种意见),但是以什么样的形式来进行这场约会,倒是真的要费一些心思,务必要做到不显得太亲近,又不会冷场到令人尴尬。

拥有朋友,是人际交往的起点;经营朋友,是人际交往的功课;赢得更多朋友,是人际关系能够给我们的最珍贵的礼物。

理想圈:扩大人脉圈,要提前布局

有时候你会听到这样的声音:哇,你居然认识×××啊,太厉害了,什么时候介绍我和他认识一下。在这些人看来,有的人是高高在上不太容易接触得到的。而我要告诉你的是,学会人际交往如果有个通关考试的话,应当就是有一天你可以和理想中的那些人交朋友。

我想大家都听过六度分隔理论,说得比较通俗一点,也就是最多通过6个人,你可以认识世界上的任何一个人。非洲某个村落里的酋长可以认识连任的美国总统奥巴马?怎么可能!对了,如果你还没有认识到你理想中那个可能"高不可攀"的对象的话,就是因为你丝毫没有想过你可以。

前面讲到我们会有一个关注圈,假使你把自己的偶像或者学习的目标,这些你会关心他们的生活和事业发展,并且好奇他们是如何获得这些成就的人统统列入你的关注圈,那么这些你暂时接触不到的人就形成了人际关系中的理想圈,它存在的意义在于给我们一个希望——如果有一天我可以认识他们,那该多好!

这是一个很好的开头,证明你对人际关系乃至自己的生活有"野心",只不过光有这样的梦想还不够,我请你再想清楚一点,为什么你希望认识他们。

在不同的情境下,这个问题的答案也会不一样。一个7岁的孩子想要认识这个世界上最大的巧克力工厂的所有者,或许他只是希望可以免费吃到各种好吃的糖果;而一个35岁的成年男人想认识这家工厂的主人(我们排除那些童心未泯的个案吧,这本书讲的是职场而不是童话),多半可能是因为事业上有合作的希望,至少能学习对方成功的经验。

所以，好好地问问自己内心，到底出于什么原因希望进入这个理想的圈子。

（1）有的人单纯是为了满足内心愉快的感觉。可能多多少少的读者伙伴在年轻的时候都有过喜欢的明星（现在甚至依然有，只不过没有那么狂热），Angela 就是其中一个。当时她非常喜欢香港一名陈姓男艺人，和许多女孩子一样，看他所有的电视剧和电影，也想过能见见他本人。或许有的粉丝会考虑去横店探班，但是 Angela 很有意思，她有个不是特别熟的朋友办了一个杂志，于是她告诉那位朋友有个明星在横店拍戏，这明星最近挺红，是不是可以考虑作个采访。那个朋友不太懂这方面的业务，介绍 Angela 和总编 Selena 联系。虽然没有去成横店，但是很巧合的是后来节目组到上海宣传，联系各家媒体，Selena 和 Angela 那时已经是朋友，得到了独家专访该男明星的机会，于是让 Angela 亲自采访她喜欢的明星（比较特殊的情况是 Angela 是个自由撰稿人，文笔不错）。这个案例我一直觉得非常经典，因为它特别清楚地展示了这样一个可能——当你想要接触到一个人的时候，只要努力在身边的人脉中寻找，那个引荐人总是存在的。

（2）有的人是想通过这个人脉解决现有的问题。Judy 对话剧很有兴趣，一直希望有一部自己的作品，可是很遗憾的是，她丝毫没有这方面的朋友。她知道一个很有名的话剧导演，也了解自己的设想一定能够契合他的风格，但是她甚至不知道如何把自己的创意告知对方。所以她必须找到一个能够进入这个理想圈的渠道，否则这个梦想就永远实现不了。于是她关注很多对话剧感兴趣的人的微博，尽可能看更多的话剧，改写剧本……一直到一年以后她在微博上认识的一个从未见面的话剧社团负责人邀请她参加一场沙龙活动，在那个沙龙上，她结识了那位导演的学生之一 Eda。Eda 通过邮件和她沟通了几次，了解到她的想法，同时也转述了老师的建议。虽然 Judy 暂时没能完成自己的心愿，不过毕竟向梦想走近了一大步。

只要敢于去尝试，你会发现，理想圈其实没有那么坚不可摧，因为你

下编 | 梳理人脉

还有其他的朋友，他们或许能够帮助你。

无论出于什么样的原因希望能够结识理想中的人脉，你必须确保自己有足够的准备，那就是你之前经营的人际关系是否足够好，以至于人们愿意帮助你完成这个梦想。没有道理你对朋友爱理不理，某一天你突发奇想要和巴菲特吃顿饭，然后财经界的朋友就帮你联络对方，甚至想办法筹集那笔不菲的午餐拍卖费。

任何人都有机会结识他们希望认识的人，这叫做梦想。但是同时必须很清楚地知道，他们也许会问"我为什么应当接受你"这样的问题，这叫做现实。理想与现实完美的结合，需要我们积极地行动起来，所以，你完全可以通过努力进入自己的理想圈，只不过这需要一些时间。

你理想圈中的人会喜欢什么样的朋友？你的差距在哪里？你需要做什么来缩短这个差距？当你对上述问题的答案都清清楚楚的时候，就是你打破一切障碍，创造别人眼中奇迹的时刻。

1. 他喜欢的朋友

回答这个问题是最难的，因为你需要揣测对方的心思。可是子非鱼，焉知鱼之乐？是的，虽然没有百分百正确的推断方式，但是总还有一些可以参考的内容。

（1）看对方的职位。再怎么具有个性化的差异，公司的销售总监关注的永远是业务的达成，而小职员关心的通常是升职和加薪。当你能明白对方的需求所在，那么你的出现能不能完成他的期待往往决定了对方是否会喜欢你。所以世界前500强的CEO又如何，他可能下了班之后打的第一个私人电话就是给自己的心理医生。

（2）看对方的年龄。要一个"00后"的孩子明白毛泽东的军队管理哲学实在是太难了，同样的，你想让年近70的老人家理解《江南style》为什么会红也很难。和年轻人谈梦想，和中年人谈政治，和老年人谈回忆，不同的年龄需求的东西其实挺明确的，不是吗？

（3）看对方的性别。虽然这个社会越来越中性化，但是男人和女人毕竟不同，哪怕在地球上生活了那么多年，火星人和金星人的特质依然存在。比如女性大多时候希望被保护,而男性则充满了挑战欲。所以你想结交一个朋友,欲擒故纵这种事情对女人来说效果显然没有对男人用那么明显。(不过,想要更靠谱的心理分析估计还得知道对方的血型、星座等等。)

(4)看对方的喜好。不论什么身份,都是普通人一个,都会有欲望和弱点,差别只是在于自控能力是否够强。只要不是特别违背原则和挑战底线的话,哪怕你想认识联合国秘书长,而他恰好又喜欢喝你煲的汤(这个例子真是离谱啊),那就叫做水到渠成。

2. 我现有的差距

有时候,你还没有认识那个理想圈里的人仅仅是因为机会不够,只要能找到合适的引荐者,彼此都会有相见恨晚的感觉。不过大多情况下,还没有进入那个圈子是因为自己做得还不好。语言不通、学识不广、形象不佳、气质不雅……这所有的一切都不是问题,怕只怕不知道哪里出了问题。

3. 我该做的事情

到了这里,一切都已经太简单了。刘备请诸葛先生出山用的方法有技术含量吗?没有,唯诚意耳。所以只要你能够认清自己的差距所在,并且努力地去改进,那么无论是否真的能达到对方眼中完美的形象,都会一点一滴地触动他,而很多时候,人们会因为内心的感觉而放弃很多原则。当你被喜欢的时候,到底是不是一个一百分的朋友,从来都没有那么重要。

每个人都在成长,每到一个新的阶段都会生出新的梦想。预测自己是不是会成功就看自己还有没有想象和做梦的能力,检验自己人际交往有没有进步就看曾经那些以为不可能的人是不是已经成为自己的朋友。